불통의 시대
소통을 읽다

불통의 시대
소통을 읽다

도미니크 볼통 지음 | 채종대 · 김주노 · 원용옥 옮김

살림

　지난 30년 동안 나는 서구 사회의 성 혁명과 노동자 조직의 변화, 유럽연합의 건설, 그리고 문화 간 충돌 등 다양한 분야를 연구했는데, 그 중심 주제는 언제나 커뮤니케이션에 관한 문제였다. 소통 과정의 복잡성, 즉 메시지를 통해 연결되는 정보 제공자와 수신자 간의 역동적인 소통 관계가 얼마나 복잡한 것인가 하는 문제는 언제나 나를 사로잡았다. 이 소통 개념은 사회학자와 언론학자들이 언급하는 것 이상으로 광범위하다. 나는 소통에서 정보 제공자의 의도와 수신자의 성향, 관심, 능력이 정보-메시지 그 자체보다 더 중요하다고 생각한다. 왜냐하면 커뮤니케이션이란 진심(사실)을 말하지 않은 정보 제공자와 메시지를 자기 취향에 맞춰 해석하려는 수신자 사이의 항구적인 협상 과정이기 때문이다. 이러한 소통 과정의 복잡성을 인식하지 못한 채 진행되는 소통은 서로 이해하지 못하는 비소통이며, 이것은 필연적으로 몰이해와 증오, 더 나아가 전쟁을 유발한다. 2001년 뉴욕에서 발생한 9·11 사태는 바로 이 비소통의 명확한 예이다. 미국은 민주주의와 진보라는 메시지를 송출했지만, 이슬람 세계는 그것을 제국주의의 위협으로 수신한 것이다.

역설적으로 기술 진보는 소통의 문제를 하나도 바꾸지 못하고 있다. 사람들은 눈부신 진화의 상징인 정보-통신 기술이 소통의 모든 문제를 해결할 수 있다고 믿는다. 그러나 이러한 기술 진보에 대한 환상은 잘못이며, 심지어는 비소통의 문제를 심화시키는 위험 요소이다. 첫째, 이들의 눈부신 발전에도 불구하고 신기술은 아직 신문이나 라디오, 텔레비전 같은 전통적인 매체에 비해 덜 효과적이다. 둘째, 이동통신과 인터넷의 편리함과 접근성에도 불구하고 정보 제공자와 수신자는 여전히 서로를 이해하기 위해 협상해야만 한다. 기술의 빠른 속도는 상호 이해를 쉽게 하는 것이 아니라 오히려 그 반대이다. 또한 기술의 간편함과 단순성은 소통의 복잡성을 줄이지도 못한다.

이러한 역설은 특히 한국에서 찾아볼 수 있다. 한국은 정보-통신 기술 분야에서 최고 선진국이다. 이미 인터넷 접속에 관한 한 세계 제일이며, 조만간 이동통신, 특히 스마트 폰 분야에서 곧 세계의 선두가 될 것이다. 하지만 동시에 한국은 소통의 영역에서는 아직 많이 부족하다. 정보-통신 기술 분야와 '한류'라는 문화 부분의 놀라운 성공에도 불구하고, 서양 사람들은 아직도 아시아 하면 오직 중국과 일본만을 연상하고, 심지어 삼성과 LG를 일본이나 미국 회사로 착각한다. 그나마 한국이 관심의 영역에 오를 때는 북한의 위협과 아시아의 평화와 관련될 때뿐이다. 한국은 최고의 정보-통신 기술에 걸맞은 소통문화는 만들어 내지 못하고 있다.

나는 한국이 최고 수준인 정보-통신 기술을 지원할 소통과학 분야의 발전을 조만간 이뤄 내리라고 확신한다. 이를 위해서는 수학과 컴퓨터공학, 사회학과 생물학 등과 연계된 소통과학 연구 프로그램을 개발하고, 이 분야의 국제 공조, 특히 다문화와 다중언어 공동체를 형성하고 있는 유럽과의 협력이 요구된다. 이런 시점에 본인의 저작이 한국에 소개되어 매우 기쁘게 생각하며, 진정한 소통을 이해하고자 하는 독자들에게 많은 도움이 되길 바란다.

2011년 2월
도미니크 볼통

제1부

소통이란 무엇인가
Informer n'est pas communiquer

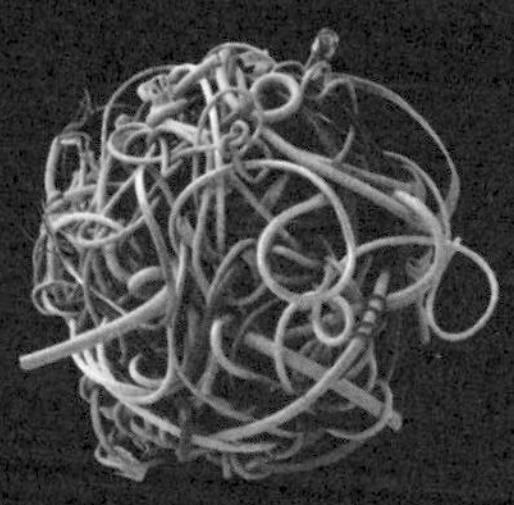

정보는 넘쳐나지만 소통은 드물다. 정보를 생산하고, 교환하고, 취득하는 것만으론 소통하는 데 충분하지 않다. 오히려 증가하는 정보가 오해와 대립을 증폭시키기까지 한다. 바로 이러한 측면에서 정보와 소통은 21세기의 평화와 충돌을 가르는 중요한 문제이다.

채종대·김주노 번역

사람들은 모두 서로 이해하기를 원한다. 그러나 어린아이라 할지라도 곧 그 것의 어려움을 알게 된다. 소통에서 타자의 문제는 여전히 어렵다. 시대의 발 전에 따라 모든 것이 빨라져야 하지만 반대로 모든 것이 점점 더 느려진다. 인터넷과 대중매체 등 우리가 이용할 수 있는 상호 작용적인 제반 기술에도 불구하고, 서로를 이해하는 데 투자하는 시간은 점점 늘어만 간다. 이 사실 만으로 우리는 소통의 어려움을 충분히 짐작할 수 있다.

협상과 공존의 다른 말, 소통

"정보만 제공하는 것은 소통이 아니다." 우리들 대부분은 정보가 중요하며 신뢰할 수 있다고 믿지만 소통은 그렇지 않다고 생각한다. 정보를 믿을 만하고 유익한 것으로 생각하는 데 비해 소통은 언제나 유혹과 조작 가능성을 의심받는 좋지 않은 것으로 치부하기 때문이다. 나는 이 책에서 우리가 일반적으로 공유하는 이러한 편견이 사실은 그 반대임을 증명하고자 한다.

소통은 세 가지 이유에서 정보보다 훨씬 복잡하다.

먼저, 정보 없는 소통이 존재하지 않는다면 소통하기는 훨씬 힘들다. 왜냐하면 소통은 관계의 문제, 즉 타자와의 관계 문제를 제기하기 때문이다. 대부분의 발신자는 수신자와 같은 선상에 놓여 있지 않으며, 그 결과도 불확실하다. 그 반대도 마찬가지다.

그다음으로 정보의 정당성과 소통에 대한 불신 사이의 모순이라는 문제가 있다. 인류는 반세기 이래로 소통을 시도하기 위해 많은 시간을 할애하고, 소통을 위한 정교한 기술을 획득, 발전시키기 위해 더욱더 많은 비용을 지불해 왔다. 왜 소통하기를 과소평가하고 비판하면서 그 많은 돈과 에너지, 또 시간을 할애하는 것인가? 모든 개인이 절대적으로 사생활과 직업, 정치, 사회에서 필요한 소통을 과소평가하는 것은 결과적으로 자기 자신을 과소평가하는 일이다.

마지막으로, 지난 두 세기 동안 개인과 집단의 자유를 향한 움직임 속에서 정보와 소통을 분리해서 생각할 수 없다는 문제가 있다. 그런데 어떻게 정보는 좋은 것이고, 소통은 나쁘다고 말할 수 있단 말인가? 어떠한 정보도 소통하려는 계획 없이는 존재하지 않는다. 한쪽을 찬양하기 위해서 다른 한쪽을 적대시하려는 시도는 정신병적 분리 현상이다. 전화에서 라디오, TV, 컴퓨터에 이르는 기술은 우리 삶에서 개인과 집단의 자유를 추구하는 데 중요한 역할을 하며, 우리 삶의 모든 곳에 존재한다.

오랜 시간 나는 소위 '좋은 정보와 나쁜 소통'을 분리하지 않고 그 둘을 함께 보려고 노력해 왔다. 그래서 이 책에서 일반적이고 지배적인 편견과 함께 현실의 역설을 뒤집고, 왜 정보보다 소통이 더 중요한지를 보여 주고자 한다. 개방된 세계에서 항존(恒存)하는 기술과 풍부한 정보조차 소통에 대한 선입견을 줄이기에는 충분치 않다는 역설 같은 것 말이다. 소통하기 위해서는 정보를 알려 주는 것만으론 충분하지 않다. 더구나 정보의 과다와 기술의 항존은 오히려 소통을 더욱 어렵게 만든다. 정보 혁명은 소통의 불확실성을 가중시키며, 예측할 수 없는 결과에 이르게 한다. 이는 정보 자체의 문제만이 아니다. 지금은 모두가 모든 것을 보고 모든 것을 알게 되는 세상이며, 언어, 철학, 정치, 문화, 종교적인 많은 차이들이 소통과 관용을 더욱 어렵게 만든다. 그러므로 이런 세상에서 수백만의 사람들이 공존에 이르거나 소통하기 위한 조건들이 더욱 큰 문제이다. 한마디로 말하면 정보는 메시지이고, 이에 비해 소통은 훨씬 복잡한 '관계'이다.

문제는 사람들의 동질성을 공유하는 데 있기보다 사람들을 단절시키는 차이점을 관리하고 조절하는 데 있다. 개인적 차원이든 사회적 차원이든 결과적으로 메시지나 기술적인 차원은 단순하다. 그러나 소통에서의 인간과 사회적인 차원은 훨씬 복잡하다.

19세기가 자유를 획득하고 정보 혁명을 이룬 시대였다면 20세기는 기술이 승리한 시대였고, 동시에 모든 사람에게 열린 소통이 태동하는 시대였다. 21세기는 필연적으로 개인들이 모든 것을 알게 된 작아진 시대이며, 또한 세상을 보는 다른 관점들을 인정해야만 하는 공존의 시대이다. 우리는 소통에는 부정적이고 정보에는 긍정적인 관점에서 가능한 한 멀리 떨어져야 한다. 이 둘 사이에 우열과 차이를 지우는 것은 불가능하다. 소통과 정보, 이 두 가지는 소통의 부가적인 복잡성과 함께 생각해야 한다.

이는 또한 세 가지 문제, 즉 관계, 타자, 수신자의 문제와 마주하고 있다. 지난 두 세기에 걸쳐 이루어진 정보의 승리는 역설적이게도 소통의 지위를 새롭게 정의하도록 강요했다. 정보의 승리로 인해 우리는 우리가 가야 할 길의 절반에 이르렀다. 나머지 절반은 소통의 몫이다.

이 책의 목적은 정보와 그에 수반하는 기술 지배의 시대에 소통의 문제를 새롭게 정리하는 데 있다.

2008년 가을 이후, 자본주의의 위기는 정보와 기술, 소통 사이의 정치적 측면에 대한 비판적 성찰을 더욱 빠르게 만들었다. 인류 역사상 처음으로 대중은 경제 위기와 그 여파를 수많은 정보를 통해 직접적으로 관찰할 수 있었다. 이처럼 풍부한 정보들은 시련의 기간이 지난 후 경제학자, 언론인, 정치인, 대학교수, 고위 관료들이 재난을 보지 못했거나 아니면 재난을 예방하지 못한 것을 비판하도록 만들었다. 이 금융 위기는 인터넷과 연관된, 한 번도 통제되지 않은 재무정보의 위기였다. 그러므로 만약 인터넷이 진정한 자유의 도구라면, 이 도구를 통제하는 데 따르는 정치적 문제도 따라서 제기된다.

이 위기는 자본 투기의 문제와 더불어 정보 순환의 속도, 통제의 부재, 규칙의 부재, 공동 이익에 대한 망각의 문제였다. 그야말로 정보와 소통의 정치적 측면을 새롭게 숙고하게 만드는 초유의 정치적 사건이었다. 마치 40여 년 전 생태학이 정치인들로 하여금 환경문제에 관한 전환된 정치의식을 갖도록 만든 것과 비슷했다.

정보와 소통, 기술이 넘쳐나는 세상에서 16세기 이후로 그래왔던 것처럼 해방의 가치를 지키는 것은 새로운 도전이다. 지난 세기에 개인들을 가깝게 만드는 요소였던 정보와 소통이 거꾸로 증오와 몰이해의 촉진제가 되는 것은 막아야 한다. 왜냐하

면 정보와 기술에 의해 지배되는 작은 세상에서는 모든 차이와
타자성이 쉽게 노출되기 때문이다. 정보와 소통이 모든 곳에,
그것도 다의적으로 존재하는 상황에서, 정보와 소통의 해방적
가치를 강화하는 것이 바로 지난 30년에 걸친 내 연구이다.

산다는 것은 소통하는 것이다
−소통의 이론

21세기의 혁명적 사건은 정보의 혁명이 아니라 소통의 혁명이다. 즉 메시지의 문제가 아니라 관계의 문제이다. 복잡한 기술 발전을 통한 정보의 생성과 분배가 아니라, 정보 발신자와 같은 위치에 있지 않은 수백만의 다양한 수신자에 의한 정보의 수용과 거부의 문제이다. 정보의 최종 목적지인 수신자들은 소통을 복잡하게 만든다. 정보는 타자의 얼굴에 몰아친다. 우리는 지구촌을 꿈꿨지만 혼돈스러운 바벨탑을 발견한다.

소통의 이론

수신자들의 다양성은 지배적으로 알려진 이론을 덧없이 무효화한다. 조금 더 평등하게, 조금 더 빠르게 전파된 정보는 상호 이해와 소통의 수준을 높이지 못한다. 수신자, 다시 말해 개인들, 또 각국의 사람들은 자신들에게 맞지 않는 정보에 맞서고, 그들 고유의 세계에 대한 비전을 줄 수 있는 권력을 원한다. 비(非)소통은 상호 공존에 이르기 위한 부단한 협상을 강요하면서 소통의 새로운 지평이 된다.

여기서 역설적인 것은 바로 정보의 승리가 점점 증가하는 소통의 어려움을 나타낸다는 점이다. 수 세기 동안 이 두 단어는 표현의 자유를 위한 투쟁, 정치적 해방, 인권투쟁의 장에서 동의어로 간주되었다. 오늘날엔 정보가 주도권을 쥔 채 '자동적'이고 '일방통행적'인 소통을 강요한다. 하지만 미래엔 수용자가 도처에서 전파된 정보를 받아들이면서 협상하는 소통의 문제가 필수적인 도전이 될 것이다.

정보는 넘쳐나지만 소통은 드물다. 정보를 생산하고, 교환하고, 취득하는 것만으론 소통을 하는 데 충분하지 않다. 지난날 제한된 기술에 의해 교환된 메시지들은 동질적인 대중을 대상으로 삼았다. 그러나 오늘날의 메시지들은 수없이 넘쳐나고, 기술은 거의 완벽할지라도 수신자들의 수가 훨씬 많아졌다. 그들은 다양하며, 조심스럽다. 언어적인 문제뿐만 아니라 세계관, 문화, 상징들까지 충돌한다. 증가하는 정보의 생산과 가속화된 전달만으로는 많은 소통을 이루어 내는 일이 더 이상 충분하지 않다. 오히려 오해와 대립을 증폭시키기까지 한다. 이로 인해 역사상 처음으로 정보와 소통의 분리가 일어났다.

바로 이러한 측면에서 정보와 소통은 21세기의 평화와 충돌을 가르는 중요한 문제가 되었다. 고도화된 기술에 의해 차이점이 더 잘 드러날 때, 서로 듣지 못할 때, 서로 잘 이해하지 못할 때, 과연 어떻게 공존에 이를 수 있겠는가? 세상 사람들이 다양한 정체성과 의사소통의 공유 틀을 동시에 존중하면서 다른 관점을 가진 사람들 사이에서 공존을 조직화할 수 있을까? 아니면 게토(여기에서는 유대인 거류지를 의미하는 것이 아니라, 폐쇄된 공동체, 즉 인종이나 종교, 문화적 공동체가 타 공동체와 교류하지 않고 폐쇄된 채 자기들끼리만 살아가는 곳을 뜻한다―옮긴이)와 폐쇄적 공동체주의가 나와 타자를 호전적인 정체성 속에 감금하고 말 것인가?

우리는 세계화가 어떻게 이러한 위험을 가중시키는지 쉽게 짐작할 수 있다. 더 많은 정보가 생성될수록 비소통의 위험은 더욱더 증가한다. 이는 30년 전만 하더라도 감히 상상할 수 없었던 결과이다.

정보의 범주

정보, 메시지, 소통 그리고 관계는 무엇을 말하는 것인가? 정보에는 어떠한 종류의 매체에도 통합될 수 있는 구술, 이미지, 텍스트 등에 의해 이루어진 세 가지 큰 범주가 있다. 대중매체와 연관된 뉴스 정보, 인터넷과 함께 전 세계적으로 급속히 성장하고 있는 서비스 정보와 검색 엔진 활성화에 따른 지식 정보, 마지막으로 모든 범주에 통용되면서 소통의 인간적 중요성을 보여 주는 관계적 정보가 있다.

소통의 범주

사람들은 수많은 이유 때문에 소통을 한다. 소통에는 세 가지 범주가 있다. 이는 자주 혼동되고 상황에 따라 다르게 계층화되며, 우리들로 하여금 항상 누군가와 접촉하도록 만든다. 그 중 첫 번째는 공유이다. 각 개인은 공유와 교환을 위해 소통을 원한다. 이것은 인간이 살아가는 데 있어 필수 불가결한 목적이다. 삶을 산다는 것은 더 많은 소통과 진정한 교류를 원하는 일이다. 다음 범주는 모든 인간관계와 사회관계에 내재하는 유혹이다. 그리고 마지막 범주로 반대 의견에 답변하거나 설명하기 위해 사용하는 모든 논쟁과 논리에 연계된 신념이 있다. 소통의 이상은 물론 사랑과 감정, 공유와 연결되어 있다. 모든 경우에서 소통이 과거를 되찾고 현재를 관통할 경우 미래가 가능해진다. 이것이 가장 완벽한 경우이다. 이 책에서 소통은 목소리와 텍스트, 이미지의 사용에 중점을 두었다. 물론 우리 모두는 때때로 몸짓 하나, 시선 하나, 미소 하나가 여러 마디의 말보다 더 많은 것을 표현해 준다는 사실을 자각하고 있다. 또는 말과 몸짓이 표현하는 것의 반대를 나타내는 침묵의 소통도 알고 있다. 하지만 지면 관계상 비음성적, 육체적 언어 소통은 배제하였다.

여기서 우리는 정보가 통일성과 메시지를 나타낸다는 전통적인 정의를 받아들인다. 하지만 그 반대로 소통은 이제 관계와 공유, 협상을 나타낸다. 지난날 우리의 목적은 소통을 구축하는 데 있었다. 그러나 오늘날은 오히려 공존의 구조를 건설하기 위해서 인종 간, 문화 간, 언어 간의 수많은 협상을 통해 비소통을 관리하는 데 있다.

수신자의 문제

이것은 정보와 소통 다음에 오는 세 번째 단절이다. 세상에는 많은 메시지들이 산재한다. 이 때문에 단지 정보를 주는 것만으로는 소통이 불가능하다. 소통을 위해서는 적절한 메시지를 취사선택해야 하는 수신자들의 역할이 확대된다. 수신자들은 매일 일상적으로 받는 수많은 메시지들을 수용하거나 거부하며, 협상하고, 계층화한다. 예전에도 수신자들이 항상 수동적이었던 것은 아니었지만, 최근엔 자신에게 밀려드는 정보의 물결에 더욱 능동적으로 대처한다. 이러한 기능을 수행하는 역동적 차원의 수신자들을 강조하기 위해 우리는 그들을 단순한 수신자가 아닌 '역동적 수신자'로 일컬어야 한다.

역동적 수신자의 위치를 재고하는 것은 소통 그 자체의 중요성을 새롭게 재고하는 일이다. 정보 제공자들은 항상 자신을 제외한 모든 수신자는 우둔하고, 따라서 자신이 가진 정보로 쉽게 영향을 줄 수 있다는 가정 아래 수신자의 지위를 폄하하고, 소통을 적대시하는 경향이 있다. 이러한 행위만큼 단순하고 위험한 생각도 없다. 이는 불행하게도 그 수가 많지 않은 현대의 지성들, 예를 들어 위르겐 하버마스나 움베르토 에코, 미셸 세르, 에드가 모랭, 레지스 드브레 등과 그 외의 몇몇 학자들이 지적한 바 있다.

소통은 세 사람이 함께 만드는 복잡한 놀이이다. 수신자가 항상 옳은 것은 아니며, 사실 그것과는 거리가 멀다. 그럴 경우 정보 제공자의 독재가 불가피해 보일 수도 있다. 그러나 현재의 역동적 수신자들은 정보의 단순 전달에서 협상이라는 개념으로 전환할 것을 요구한다. 지난날 소통은 전달과 같았는데, 왜냐하면 인간관계가 계층화되어 있었기 때문이다. 오늘날 협상이 가능한 것은 개인과 집단이 더욱 평등해졌기 때문이다.

협상의 개념은 또한 민주적인 문화에서 가능하다. 독재적이거나 전체주의적 사회에선 협상의 여지가 있을 수 없다. 현실을 자세히 들여다보면 부부, 가족, 학교, 기업, 사회, 유럽공동체 등은 협상하는 데 많은 시간을 할애하고 있음을 알 수 있다. 개인이 더 많은 정보를 가지고 있을수록 더욱 많이 비판하고 협상할 수 있는 것이다.

소통의 이론을 설명하는 개략적 도식 다섯 단계를 요약해서 말하면 다음과 같다. 이것은 기술에 의해 세상에 알려진 소통만큼이나 인간적인 소통에 대한 필자의 이론이다.

첫 번째. 소통은 인간 조건에 내재한다. 개인적 삶이나 집단적 삶은 대화, 소통, 교환의 의지 없이 존재할 수 없다. 산다는 것은 소통하는 것이다.

두 번째. 인간은 세 가지 이유, 즉 공유하고, 설득하고, 유혹하기 위해서, 그리고 가장 흔하게는 이 세 가지가 동시에 작용하는 이유에서 소통을 원한다.

세 번째. 소통은 비소통을 대상으로 한다. 수신자는 같은 선상에 있지 않거나 동의하지 않는다.

네 번째. 협상의 과정이 열리면 서로 다른 자유와 평등성을 가진 주인공들이 합의점을 찾기 위해 교섭한다.

다섯 번째. 그 결과가 긍정적일 때는 강자와 약자가 함께 공존할 수 있다. 소통과 공존은 때때로 호전적인 비소통과 그 결과를 피하기 위한 과정이다.

*

언뜻 보기에 단순한 이 소통 이론은 어떤 개인이나 사회든 소통이 필수적이라는 가설을 전제로 한다. 그에 따른 다섯 가지 결과는 다음과 같다.

첫째. 소통의 미래는 대개의 경우, 정보와 소통 간의 비연속성에 의해 쉽게 드러나는 비소통에 있다.

둘째. 소통을 기술적 행위로 한정시킬 수 없다.

셋째. 당사자 간의 협상을 강요한다.

넷째. 이 구조적 비소통은 자연적으로 소통 당사자 간의 평등을 필요로 한다. 그렇지 않으면 협상은 없다. 바로 이 사실이 현대적 소통을 민주적 문화, 그리고 단순한 소통 개념보다 더 넓은 의미의 과정과 분리해서 생각할 수 없는 현실이다. 최소한의 시간과 존경, 상호 신뢰 없이 소통은 이루어지지 않는다. 관용은 모든 소통 과정의 구조적인 조건이다.

그리고 마지막으로 모든 소통 이론은 그것이 평등하고 열린사회이건 계급화된 사회이건, 모든 사회의 함축적 비전과 사회적 관계를 그 안에 품고 있다. 여기서 주장한 개념은 기술적이기 전에 인본주의적이며, 인간과 사회적 경험의 지평을 교차시킨다. 또 절충점을 찾기 위해 협상을 우선시한다는 의미에서 정치적 개념이기도 하다.

*

결과적으로 소통에는 상반되는 두 가지 개념이 존재한다. 첫 번째는 지금 현재 전 세계에서 그 영향력을 계속 확장하고 있는 다수의 의견이다. 즉 일종의 시공 연속체 속에서 기술 우월성의 결과로서 소통이 발전했다며 기술적 작용을 강조하는 소통이다. 두 번째는 소수이지만 소통의 문화인류학적 차원을 고려하고, 개인과 민족, 국가 간의 갈등과 충돌의 원인이 되는 비소통의 확대를 피하기 위한 정치적 과정을 우선시하는 소통이다. 이 두 가지 개념은 기술과 인간에 대해 동일한 관계를 맺고 있지 않다.

*

내가 오랜 시간에 걸쳐 연구하고 있는 실증적 연구를 구조화시키는 이론적 모델은 다음의 다섯 가지 분야, 즉 과학과 기술의 관계, 대중매체와 인터넷, 공적 영역과 정치적 소통, 유럽과 세계화 그리고 문화적 다양성, 범 학문 간의 관계와 지식과 소통 이론으로 이루어진다.

정보의 혁명에서 소통의 불확실성까지

우리가 정보와 소통의 혁명을 이루어 내기 위해 3세기에 걸쳐 투쟁했는데도, 이제 정보통신 혁명의 좋은 시절은 지나간 듯하다. 정보의 규격화, 수신자의 다양화와 비판정신, 그리고 세계화는 모든 것을 복잡하게 만든다. 여하튼 지금까지 우리는 정보와 소통이 제한된 정보와 메시지, 그리고 대부분 동질적인 정보와 그다지 복합적이지 않은 수신자들로 이루어진 것이라는 단순한 비전을 갖고 있었다.

실제로 과거에는 정보가 풍부하고 빠를수록 더 많은 소통을 만들어 낼 것이라는 신념이 보편적인 소통 모델이었다. 하지만 이제는 1세기에 걸친 소통 기술의 획기적인 발전, 즉 전신 전화(1880), 라디오(1900), 텔레비전(1930), 컴퓨터(1940), 인터넷 네트워크(1980)에 의한 새로운 혁신이 요구된다.

사람들은 모두 서로 이해하기를 원한다. 그러나 어린아이라 할지라도 곧 그것의 어려움을 알게 된다. 소통에서 점증하는 타자의 문제는 기술의 편재와 사용, 개인의 자유에도 불구하고 여전히 어렵다. 이는 개인적 경험뿐 아니라 집단적 경험에서도 가장 복잡한 문제이다. 모든 것이 빨라져야 하지만 반대로 모든 것이 점점 더 느려진다. 우리가 이용할 수 있는 복잡하고 상호작용적인 제반 기술에도 불구하고, 서로를 이해하는 데 걸리는 시간은 늘어난다. 이 사실만으로도 우리는 이 문제를 충분히 이해할 수 있다. 우리들의 모든 소통에는 타자성이라는 악마가 침투한다. 그 타자는 다름 아닌 '나'이고 '그'와 '그녀'이며, 각각의 개인인 우리이다. 소통의 지향점은 언제나 비소통이다. 달리 말하면 소통이 많으면 많을수록 비소통의 문제는 더욱 구체화된다. 세대 간에 자주 나타나는 비소통은 일반적으로 나타나는 비소통의 은유이다. 이것은 고전적인 정치, 문화적인 구도에 대한 완전한 전복이며, 16세기 이후 정보와 소통의 이중 혁명을 이끌어 냈다. 지구촌은 기술적 현실이지만 사회, 문화, 정치적인 현실은 아니었다.

오늘날 인터넷으로 상징되는 정보의 승리 이후, 우리는 소통의 제한성을 발견했다. 이러한 비소통의 발견은 소통을 다시 숙고하게 만들고, 21세기 초반의 근본적 정치 쟁점 중 하나로 떠올랐다. 문제는 모든 사람이 모든 것을 보고 알며, 차이점은 더 현저히 드러나고, 협상의 여지는 줄어드는 세계에서 어떻게 평화적으로 공존할 수 있느냐이다. 바로 이런 측면에서 볼 때, 단순한 나눔의 차원에서 협상과 공존의 개념으로 옮겨 가고, 소통과 민주주의의 연관성을 명확히 밝혀야 할 필요가 생긴다. 종종 대립되는 두 관점의 협의와 공존이 바로 실질적인 민주주의가 아닐까? 개인의 자유와 평등을 정착시키고자 투쟁한 모든 혁명 이후, 소통의 개념이 인본주의와 민주주의 같은 큰 개념으로서 중요하게 다뤄질 수밖에 없는 이유이다.

우리는 소위 꼼('com'은 'communication'의 축약어이다.

'communication'이 철학적인 광대한 영역인 반면 'com'은 'com-munication'의 작은 영역을 뜻한다. 프랑스에서는 회사 홍보팀을 꼼이라 부름—옮긴이)이라고 이해되는 소통으로부터 멀리 떨어져 있다. 꼼이란 무엇인가? 잘 보이려는 의지, 유혹하려는 의지, 설득하려는 의지이다. 결과적으로는 소통과 거의 같고, 욕망이 그런 것처럼 성취하려는 목적도 소통과 거의 비슷하다. 개인은 연령을 떠나 모든 수단과 모든 차원에서 일상적으로 이 꼼을 사용한다. 남에게 잘 보이고 싶지 않은 사람이 어디에 있겠는가? 그러나 아무도 이 사실을 인정하지 않는다. 사람들은 삶이 그저 감정 없이 이성적이고 신중하기만 한 것처럼 행동한다. 얼마나 이율배반적인가! 소통만큼이나 실현하기 어렵고, 인정하지 않으면서도 모두가 사용하는 꼼에 대한 과소평가가 이루어진다. 이는 꼼이 소통으로 가는 대기실이라는 것을 인정하는 쪽보다 적대시하는 쪽이 더 쉽기 때문이다. 우리는 꼼을 패배한 소통 전장의 완벽한 희생양으로 만들 뿐만 아니라 꼼의 유혹과 조작 전략을 비난한다. 하지만 평생 동안 꼼의 유혹과 조작 전략을 한 번도 시도하지 않은 사람이 있을까? 이것은 타자를 유혹하고 조종하는 것이 그렇게 쉬운 일이 아니라는 사실을 감춰 주는 대단한 위선이다.

바로 이 점 때문에 사람들은 기술의 발달에 관심을 갖고 열광한다. 이것은 좀 더 합리적이고 덜 모호하다고 할 수 있다. 비록 네트워크와 기술의 끝에 또 다른 연결망이 없다 해도, 그곳에 사람들과 사회는 있기 때문이다. 기술은 모든 것을 단순화하지만 사람들과 사회는 모든 것을 복잡하게 만든다. 마침내 소통은 세 개의 차원으로 분리된다. 가장 쉽게 눈에 띄는 기술적 차원과, 가장 복잡하며 인식하고 활용하는 데 시간이 걸리는 문화적 차원, 그리고 마지막으로 가장 전도유망한 경제적 차원이다.

따라서 우리는 소통의 지향점이 공유, 신념, 유혹, 영향, 공존 그리고 비소통에 있다고 말할 수 있다. 기술적 체계들은 같은 선상에 있는 반면, 사람들과 사회는 그렇지 않다는 점에서 기술적 발전은 소통의 적임과 동시에 아군이 된다. 기술 발전은 닫힌 소통에서 우리를 빠져나오게 만들고 메시지의 교환을 증가시켰다. 하지만 기술 발전은 도구의 발달 정도만큼 소통을 촉진시키지는 못했으며, 반대로 비소통에 따르는 문제점만을 부각시켰다. 예를 들면, 인터넷 사용자 6억 5천만 명은 20여 년 전부터 이제야말로 진정한 소통을 할 수 있게 되었다며 인터넷 신화에 열광했다. 하지만 그 누구도 그에 따르는 결과와 충격에 대해 알려고 하지 않았다. 정보 교환, 즉 소위 그들이 말하는 소통을 하면 할수록 비소통이 부각되는 끔찍한 전복을 보려고 하지 않았던 것이다.

소통은 삼중 혁명의 현대적 모델의 결과인데, 바로 개인의 자유, 민주주의 모델, 기술의 발전이다. 오늘날 우리는 그 분기점에 있고, 두 가지 이데올로기가 소통을 위협한다. 하나는 개인주의로, 다시 말해 표현과 상호 작용에만 소통을 국한시키는 것이다. 다른 하나는 폐쇄적 공동체주의로, 타자성 문제를 소홀히 하고 사이버 공간에 우리를 묶어 버릴 가능성을 말한다.

소통과 공존하기

정보와 소통이 각각 대립되면서도 분리할 수 없는 두 가지 측면을 가지고 있다는 데 어려움이 존재한다. 규범적 측면에서 보면, 정보는 진실과 연결되고 소통은 나눔과 연결된다. 기능적 측면에서 보면 매우 복합적이고 도구 의존적인 현대사회에서 정보, 교환, 상호 작용 없이 삶을 영위할 수 없다. 정보와 소통을 새롭게 생각한다는 것은 어느 한쪽을 폄하하지 않고 이중적 수용의 차원에서 두 개념을 모두 받아들이는 것이다. 모든 경우에서, 정보에는 진실, 소통에는 공유의 규범적 차원이 그 지향점이 된다. 달리 말하면, 사소한 정보에서부터 가장 탐욕스러운 소통까지, 그 지향점은 타인과의 관계 추구라는 점에서 결국 같다. 각 개인들이 희화화와 비밀스러움 뒤에서도 계속해서 상호 이해라는 염원을 잊지 않고 있다는 것이 그 증거다. 모든 종류의 변형과 관통에도 불구하고, 정보와 소통의 이데올로기는 민주적 이상에 기여한다. 소위 연예인화(연예인화란 연예계는 물론이고 정계, 학계, 언론계 등의 유명 인사를 마치 스타처럼 다루고, 또 그들도 마치 자신이 텔레비전이나 영화 스타인 것처럼 행동하는 현상을 말한다—옮긴이)된 사람들처럼, 꿈에서 우리는 여전히 같은 준거 공간에 놓여 있다. 때문에 정보나 소통에서 기능적 측면과 규범적 측면을 함께 취급해야 한다. 이것이 모든 사회적 관계를 함께 건설하는 네 가지 차원, 즉 기능적 정보와 규범적 정보, 기능적 소통과 규범적 소통을 의미한다.

정보와 소통은 매우 모호하지만 '개인에 기반을 둔 대중사회'의 주요 문제에 연결되어 있다. 개인에 기반을 둔 대중사회에서는 개인의 자유와 모든 이의 평등이라는 상반된 가치를 동시에 추구한다. 그럼 모든 차이들이 주장되고, 수용되며, 요구되는 열린사회에서는 무엇이 사회적 연대를 이끌어 낼까? 어떻게 자유와 평등, 개인주의와 집단적 정체성을 조화시킬 수 있을까? 항상 유동적이고, 상호 작용하며, 자유와 평등을 동시에 추구하는 사회에서 소통은 공존과 사회적 연대의 중요한 문제이다. 모든 것이 정보와 속도에 의존하는 이 개방된 사회에서 연약한 사회적 연대는 세계화라는 태풍에 나침반도 없이 맞서고 있다. 그러므로 공존을 가장 중요시하는 이 소통 이론이 이론적인 조건과 실제적인 측면을 동시에 새롭게 이루어 내는 데 공헌하기를 기대한다.

지난날 사회적 연대는 비교적 정체된 사회 구조와 문화 간에 맺는 관계의 문제였다. 하지만 오늘날은 반대로 모든 것이 상호 작용한다. 정보와 소통의 과정들은 이 새로운 공적 공간에서 다중적 상호 작용을 통해 가장 역동적이면서도 위태로운 사회적 연대를 구조화시키는 데 공헌한다. 공존 개념에 대한 가치 부여는 현대사회의 사회적 연대에 대한 고찰을 새롭게 한다. 상반된 이해관계 당사자들 사이의 상호 작용이 더욱 많이 이루어지는 사회 말이다. 공적 영역의 기능이나 소통에서 공존을 최우선시하는 것은 사회에 내재된 차이점과 통일체의 원리를 동시에 관리하며 사회적 연대의 현대적 특성을 새롭게 조망하게 한다.

그런데 사회적 연대란 무엇인가? 서로 분리된 개인, 집단, 공동체, 사회계층을 한 사회 안에서 함께 존재할 수 있도록 돕는 기적에 비유할 수 있는 것이 아닌가? 요약하면 소통, 공존, 사회적 연대는 현대성과 시공간의 또 다른 비전을 구성한다. 소통은 자주 구성원들 간에 상반된 욕망을 추구하는 현대사회의 모순된 가치, 즉 자유와 평등, 개방과 정체성, 세계화와 지역주의를 잘 보여 준다. 공존의 규범적 개념은 현대사회의 특성들을 상징적으로 드러낸다. 즉 공존은 상반된 가치와 차원이 함께 존재하도록 목표를 지워 주는 규범적 관점의 상징이다.

그러나 다른 차원이 더 있다. 정보와 소통의 복합적 고리는 이중적인 의미를 동반한다. 정치적, 지적인 전통에서 보면 정보는 새롭게 나타나며 다소간 급격한 변화와 관계가 있다. 언론과 대중매체에서도 그렇지만 일반적으로도 그러하다. 정보는 사건이나 기존 질서를 흩뜨리지만, 역으로 이것이 바로 정보의 힘이다. 반면 소통은 공유와 공동체, 그리고 연대의 이상과 연계되어 있다. 오늘날 일반화된 정보 체계에서는, 특히 인터넷에서 확연히 드러나는 의미의 전복이 있다. 정보는 우리가 지향점으로서의 정보사회와 연결되도록 만든다. 의미는 정보 단절을 서로 뒤바꾼다. 모든 것이 기호이고 상호 작용할 때, 정보는 관계가 된다. 이는 젊은 세대들이 어떠한 의심도 하지 않고 절대적 정당성과 신뢰를 바탕으로 인터넷을 정보와 소통의 원천으로 삼는 모습을 보는 것만으로 충분하다.

반대로 우리는 '소통'이라는 단어의 의미 변화를 관찰해 볼 수 있다. 이것은 오늘날 공동체적 가치의 공유라는 전통적 의미, 부조리한 논리에 공동으로 대처하는 일의 필요성과 연관된 본래의 의미를 상실했다. 과거에 소통은 통합과 공유를 의미했지만, 오늘날은 불연속성을 관리하고 공존하는 데 더 많은 의미를 둔다. 따라서 정보와 소통, 이 두 가지 개념은 타자를 기준으로 삼는다.

소위 정보통신의 혁명은 소통과 문화, 지식 사이의 관계를 관통하고, 현대사회의 관계 조건을 새롭게 고찰하는 데 공헌한다. 그렇기 때문에 정보와 소통 이론은 같은 비전 속에 있으며, 사회를 설명하려 노력한다. 역설적인 것은, 소통과 상호 작용의 문제를 사회적 모델로 만들려고 노력하는 오늘날만큼, 사람들 사이를 가로막는 실체적 장벽, 즉 부자와 가난한 자들, 노인과 젊은 사람, 이민자와 타자들, 신기술에 접속할 수 있는 사람과 그렇지 못한 사람들 사이의 몰이해 장벽이 높았던 적이 없었다는 사실이다.

2장

기술이 인간을 해방시키는가
–해방과 이데올로기 사이

이 책의 목적은 지난 50년 동안에 일어난 세 번에 걸친 단절의 척도로서 소통의 지위를 재고하는 것이다. 정보의 승리는 모든 전화–통신 수단과 전산 시스템, 그리고 시청각 매체를 포함한 기술의 승리였다. 세계화는 앞선 이 두 번의 승리를 가속화시키고 있다. 우리가 직면한 도전은 인간적, 사회적 소통이 필연적으로 실패하도록 만드는 쓸모없는 기술과 소통에 대한 성찰을 방해하는 기술의 명령권에서 정보와 소통을 구해 내는 것이다. 또한 정보에서 소통으로의 연결점을 고찰하는 일은 소통을 탈기술화하고, 분리된 기술을 다시 본연의 자리에 되돌려 놓는 것에 다름 아니다.

기술에서 기술 이데올로기까지

소통에서의 기술 이데올로기는 무엇일까? 바로 우리의 능력 밖에 있고 해결할 수 없는 제반 사회문제를 도구들에 맡기는 것이다. 예를 들면 6억 5천만 명이 인터넷을 사용하는 모습을 보고, 기술이 많으면 많을수록 개인들이 더 쉽게 서로를 이해한다고 믿는 것이다. 그야말로 인간적 소통과 사회적 소통을 기술의 발달에 종속시키는 셈이다. 그다음 단계에서는 그 기술들에 사회의 모델을 구조적으로 변화시킬 수 있는 능력을 부여하며, 마지막 단계에서는 개념의 의미를 혼동시킨다. 예를 들면 전자문명, 전자사회, 정보사회, 전자 민주주의, 인터넷 네트워크 사회와 같은 용어들은 기술이 무한한 능력을 가지고 있다고 믿게 만든다. 왜냐하면 그 기술의 명칭이 그것을 적용하는 사회를 정의하기 때문이다. 이것은 기술적 여건을 사회 모델의 핵심으로 여기면서, 기술과 사회라는 서로 다른 본질을 가진 두 현실을 혼동하는 셈이다. 따라서 그만큼 인간 활동의 근본인 소통과 관계되어 있다. 지난 세기의 냉전체제는 핵폭탄으로 정의된 시대였지만 누구도 우리 사회를 핵폭탄 사회라고 부르지 않았다. 그런데 왜 지금은 정보사회라고 부르는 것일까?

기술 이데올로기는 다른 이데올로기와는 성격이 다르다. 물론 정치, 종교, 문화 등을 이용해 여러 사회집단을 통합시키는 관계 구조와 이데올로기가 없는 사회는 존재하지 않는다. 정치, 종교, 문화는 시간이 흐르면서 진화하며 재결합하는 사회생활의 필수적인 요소이다. 내가 여기서 비판하는 것은 기술 이데올로기인데, 그것이 사회의 의미와 조직의 중요 요소가 되도록 소통의 기술에 과도하고 규범적인 권력을 부여하기 때문이다. 혼동은 용어에서 오기도 한다. 실제로 눈부신 발전을 이룬 기술이 포함된 '소통 기술'과, 기술만큼 발전을 이루지 못한 '소통' 사이의 혼동 같은 것 말이다.

안타깝게도 기술의 발전은 인간과 사회 사이의 소통을 발전시키는 데는 충분하지 않다. 기술의 세상에 몰입된 사람들이 상호 이해의 측면에서 50년 전보다 소통을 더 잘하고 있는지는 의문이다. 더 발전된 기술이 더 좋은 소통을 만들어 내리라는 희망은 계속해서 미뤄졌다. 아마도 컴퓨터보다 더 뛰어난 성능을 가지고 있는 블랙베리가 그 상징이라 할 수 있다. 블랙베리는 손가락 몇 개로 세상을 지배한다. 모든 것을 할 수 있고, 모든 것을 보내고, 모든 것을 받을 수 있다는 무한한 힘과 확신의 감정을 만들어 낸다. 그런데 이렇게 수많은 상호 작용을 하는 강력한 도구를 쓰는 사람들이 소통에 실패할 수 있다는 것을 어떻게 상상할 수 있겠는가?

소통의 기술이란 비소통 없는 소통이다. 소통의 기술은 정보와 소통 사이의 연속성을 재건한다. 바로 그 점에서 인간의 소통은 자주 실패한다. 도구의 속도와 우월성, 인간 소통의 불확실성과 복잡성을 혼동하는 전이의 이데올로기가 나타난다. 정보와 소통 사이의 관계를 재 고찰하려면 먼저 소통의 문제에서 기술적인 측면을 분리해야 한다. 지난 세기만 보아도 알 수 있듯이, 기술이 필연적으로 인간의 소통을 용이하게 만들지만 그것만으론 충분치 않다. 대중매체, 전파, 상호 작용은 소통의 동의어가 되지 못한다. 주목할 만한 기술의 진보가 사회적 소통을 확장시키는 데 많은 기여를 했다는 점에는 동감한다. 그러나 인간적 소통의 실존적인 불완전성 문제를 해결하기에는 충분하지 않으며, 결국 우리는 '상호 작용 속의 고독'에 접어들 것이다.

소통의 기술에 우리가 종속되어 가는 징후로는 어떤 것이 있을까? 컴퓨터를 이용하지 못할 때, 혹은 이틀 동안 휴대전화를 사용할 수 없을 때 우리의 심리상태를 관찰해 보자. 이제 컴퓨터와 전화가 없는 생활은 상상할 수 없으며, 우리들 중 대부분은 잠시라도 전자기기가 없으면 안절부절못한다. 이러한 중독은 컴퓨터와 전화를 둘러싼 여러 가지 토론보다 많은 것을 보여 준다.

불과 30년 전 우리는 이러한 도구들 없이 어떻게 살았을까? 또한 이러한 도구들을 가지고 있지 않은 30억 명 이상의 사람들은 어떻게 살까? 지구 어딘가에서 10억 명이 굶주리고 있을 때 휴대전화로 여러 사람과 동시에 대화를 하는 것이 무슨 가치가 있을까? 신기술에 대한 이러한 의존은 생산 과정을 추적할 수 있는 정보, 즉 추적성(정보 추적, 상품의 전 생산 과정이나 사람의 위치 추적을 아우른다—옮긴이)에 대한 우리들의 무비판적인 수용을 의미한다. 이것은 우리가 몇 세기에 걸쳐 벌인 자유 해방운동, 즉 정치와 종교 같은 외부 종속에 맞서 싸워 왔다는 것을 볼 때 더욱 놀라운 역설이 아닐 수 없다. 소통의 기술은 인간 해방운동에 공헌했다. 그리고 개인이 자신을 구속한 모든 권위로부터 자유로워지고 독립적이 된 이 시점에, 이번에는 '자발적으로' 이전에 자유로워질 수 있도록 도와주었던 기술에 종속된 것이다. 이 '자발적 종속'의 예는 수없이 많다. 해방과 소통 기술의 역사적 연관은 너무나 강력해서, 현 시점에서 대다수 사용자들은 우리가 스스로 만들어 가는 새로운 종속 상태를 깨닫지 못한다. 소통 기술이 해방의 도구에서 종속의 극단적인 예인 추적성의 도구가 되기까지는 단지 한 세대만 걸렸다는 아주 작은 차이가 있을 뿐이다. 기술은 우리가 그 기술의 속도, 능력, 상호 작용, 자유로움을 좋아하는 만큼 더욱더 우리들을 기술의 노예로 또는 기술의 자식들로 만들어 버렸다. 우리가 종속되었다는 인식도 없이 말이다.

인터넷을 통한 '상호 작용'이라는 이 마술적인 개념은 자유와 지성의 결합을 상징한다. 우리들은 자유를 다중적으로 접속할 수 있다는 사실로 규정지을 만큼 심하게 중독되었다. 인터넷은 단지 관계의 망일 뿐이고 자유의 반대인데도 오히려 자유의 상징이 되었다. 지금 우리는 인터넷 속에서 자유만 볼 뿐 통제는 보지 못하고 있다. 이것은 거의 새로운 인신보호영장(habeas corpus, 1679에 발효된 영국의 법 조항. 유죄 판결 이전에 임의로 개인을 구속할 수 없다는 조항으로 민주주의의 초석이 됨—옮긴이)이며, 해방과 순환의 기회이다. 기술 이데올로기를 통해 우리는 거울의 반대편으로 와 버린 것이다. 이제 집단의 문제없이 모든 것이 개인화된다. 내가 원하는 방식으로 내가 원하는 일을 하는 것은 '자유 접속'에 의해 보장된다. 이것은 다시 '일반화된 상호 작용'으로 증폭되어 디지털적인 자유가 되었다. 1930년대의 라디오와 1950년 전에 텔레비전의 출현으로 생성된 희망과 많은 공통점을 가지고 있다. 하지만 앞에서 말한 사실들은 일종의 궤도 이탈로서, 새로운 것이다. 비교할 수도 없고 모든 것을 새로 시작한다는 믿음 위에 세워진 오늘날의 기술 이데올로기는 지난날의 기술 혁명을 잊어버린다는 사실로 특징 지워진다. 역사도 비교도 인정하지 않으며, 어떠한 비판도 받아들이지 않고 전적인 동의를 요구하는 태도를 나타낸다. 즉 다른 이데올로기와 마찬가지로 기술 이데올로기에도 선택의 여지는 없다. 모든 것을 받아들이든지, 아니면 아무것도 받아들이지 않든지, 그저 둘 중 하나일 뿐이다. 기술 이데올로기에 대한 모든 종류의 비판은 기술혐오증이나 늙은이들의 수구성으로 치부된다. 예를 들어 우리는 TV 앞에서 많은 시간을 보내는 어린이들을 비판한다. 그러나 컴퓨터 화면 앞에서 똑같이 많은 시간을 보내는 것에 대해서는 아무 말도 하지 않는다. 오히려 이를 지능 발달의 상징과 열린 의식으로까지 간주한다. 실은 그 반대인데도 말이다. 일부 사람들은 어린 아기일 때부터 이 도구를 사용해야 한다고까지 주장한다. 왜 한 걸음 뒤로 물러서서 보지 않는가? 왜 위기와 위험을 아직까지 알아채지 못하는 것인가?

19세기와 20세기는 정보의 자유와 소통, 그리고 기술 측면에서 큰 발전을 이룬 시기였다. 하지만 20세기 말에는 기술의 진보와 소통의 발전 사이에 혼란이 생겼다. 21세기 초반인 지금, 아마도 우리는 기술의 기적과 소통의 선험적 사실들을 분리할 수 있을 것이다. 지금까지 소통의 기술들은 항상 해방운동과 함께했다. 그러나 오늘날 문제의식은 바뀌었고, 우리는 그것을 보려 하지 않는다. 인터넷에 가장 종속적인 사람들이 그것은 단지 도구일 뿐이라고 말한다. 또한 그들은 이 도구가 인간관계와 사회관계를 혁명적으로 변화시키거나 해방시킬 수 있다고 주장한다. 여기에서 거짓된 보편화와 초월적인 가치 부여 현상이 동시에 일어난다. 그런데 그 결과로 나타난 기술 유토피아-이데올로기가 현재 위기를 맞고 있는 정치 이데올로기를 대체하고, 사회적 관계의 다른 모델을 꿈꾼다. 혹은 적어도 이 불확실한 세계화에 적응하려는 개인이 중심이 되는 세상으로 연결된다. 이 기술 유토피아-이데올로기는 이번에는 전 지구적 차원의 연대를 꿈꾸게 한다. 기술은 소통이 비연속성과 비소통의 문제점을 드러내는 바로 그곳에서 연속성을 되찾을 수 있게 한다. 지금까지 이러한 이유 때문에 다음과 같은 사실, 즉 추적성의 위험과 자유에 대한 위협 그리고 상호 작용 속의 고독이 무시되어 왔다. 아마도 그 어떤 다른 힘도 기술 패러다임의 힘을 흔들지는 못할 것처럼 보인다.

인터넷-유토피아와 이데올로기 사이

무엇보다 먼저 독재 사회와 민주주의 사회 안에서 인터넷의 역할을 구분해야 한다. 독재 체제에서는 인터넷이 라디오, 텔레비전, 인쇄 매체, 이동통신 등과 더불어 저항세력이 정보와 비판의 자유를 누리는 데 필수 불가결한 장소였다. 그렇지만 자유를 향한 모든 항쟁은 지난 150년간의 중요하고도 힘든 투쟁의 결과로 시작되었지, 인터넷으로 시작된 것이 아니다. 더구나 도구는 그 기능을 만들어 내는 데는 충분치 않다는 사실을 상기하자. 국제인권사면위원회의 회원과 다른 비정부기구(NGO) 같은 협회의 회원들 없이 기술적 도구만으로 비평정신과 정치적 행동을 촉발하는 것은 충분하지 않다. 해방을 위한 운동에서 인터넷이 유일무이한 도구가 아니라면, 인터넷은 세계화에 적합한 도구이다. 물론 권위주의적 정부나 독재 체제가 억압과 통제를 강화하기 위해 정보를 조작, 확대 재생산하는 데 사용하는 도구 역시 인터넷이다. 요약하면 인터넷은 자유를 추구하는 데 중요한 도구이지만, 다른 기술과 다른 과정들을 대체하지 못한다. 게다가 많은 불확실성을 가지고 있다. 세계의 이산자들을 위한 인터넷의 역할 또한 잊어서는 안 된다. 이산자들

은 특히 시사-정보와 서비스-정보에서 필수적인 도구를 발견
했다. 그러나 인터넷은 실제적인 만남을 대체하진 못했으며, 오
히려 실제적 만남에 대한 욕구를 증가시켰다. 우리가 네트워크
상에서 정보 교환을 쉽게 하면 할수록 현실공간에서 직접 만
나 보고자 하는 욕구도 생겨난다. 이것은 지극히 당연한 일이
다. 우리는 사회적 존재이지 정보적 존재가 아니기 때문이다.
아래 언급할 내용은 독재 체제하에서의 인터넷의 역할이 아니
라 다양한 민주주의 사회 안에서의 인터넷의 역할이다.

인터넷은 유토피아와 이데올로기의 결합으로 이루어지는 유
혹을 잘 보여 준다. 나는 이미 인터넷의 역할과 문제에 대한 글
을 여러 차례 쓴 바 있다(대표작으로 『인터넷 그 이후』 등이 있음
─옮긴이). 여기서는 그중 정보와 소통 사이의 관계에 대한 관점
에서만 다시 언급하려 한다.

특히 젊은 세대들 사이에서 인터넷의 성공은 부정할 수 없는
사실이다. 하지만 진정한 변혁은 그 확장된 서비스가 어떤 것이
든 이동통신, 즉 휴대전화라고 할 수 있다. 왜냐하면 휴대전화
는 무엇보다도 먼저 목소리를 통한 두 사람 사이의 소통을 상
징하기 때문이다. 진정한 사적 공간은 휴대전화 안에서 발생한
다. 특히 감정의 측면에서 모든 것을 말할 수 있는 공간이기 때

문이다.

사적 생활이든 공적 생활이든 가장 중요한 일은 인터넷에서 점점 더 적게 일어난다. 바로 어제까지는 인터넷을 통해 이메일을 받는 것이 거의 권력의 상징에 가까운 특권이었다. 하지만 오늘날은 아무것도 아닌 고역이 되어 버렸다. 모든 사람이 이메일을 보내기 위해 많은 시간을 보내며, 수신된 이메일을 분류하고 답장을 하는 일에 엄청난 시간을 할애한다. 접근하기 쉬운 정보는 폭군이 되어 버렸다. 진정으로 일을 하기 위해서는 기술적 편리를 과감히 끊고 시간을 되찾아야 한다. 꿈은 악몽으로 변했다. 우리 모두가 알고 있듯이, 권력의 행사나 고위급 결정에 관계된 가장 중요한 정보들은 인터넷을 통해 전달되는 것이 아니다. 전화 혹은 직접적인 대화를 통해서 이루어진다. 간단히 말하면 인터넷을 통한 상호 작용적인 정보의 열린 공간은 각각의 개인들이 조작하고 관리하는 정보-권력-비밀-루머 사이의 복잡한 관계를 근본적으로 바꾸지 못한다. 뛰어난 정보 기술이라고 해도 정보와 권력에 대한 사람들의 관계를 바꾸는 데는 충분하지 않다. 세상에는 인터넷만 존재하는 것이 아니라 더 많은 수의 텔레비전과 라디오가 이미 존재하고 있다. 라디오 45억 대, 텔레비전 35억 대, 휴대전화 25억 대, 컴퓨터 18억 대라는 통계숫자들은 이런 비교를 상대적으로 만든다.

　정보와 통신, 시청각 매체 간의 기술적 융합이 각 도구의 각기 다른 정체성과 스타일을 없애 버리지 않는다는 사실을 기억해야 한다. 도구는 내용물이 아니다. 그렇지 않다면 이미 50여 년 전에 텔레비전이 출현하면서 영화는 사라졌어야 한다. 이 거대한 세 가지 장르 사이의 권력 관계는 상업적, 재무적, 기술적 합병을 일으킨다. 하지만 서비스와 응용 측면에서 모든 것이 혼합되지는 않을 것이다. 그와 반대로 기술이 합리화되고, 더불어 목소리, 이미지, 텍스트, 음향을 통합할수록 문화적 차이가 그 행위의 본질적 차원으로 더욱 중요하게 다뤄질 것이다. 문화적 차이는 미래의 중요한 도전이 될 것이다. 오늘날 복합적 응용 가능성을 가진 기술들이 우리를 매료시키지만, 미래에는 내용물의 다양성이 그 자리를 차지할 것이다.

　정보와 소통의 관계에 대한 시각에서 일반 대중이 생각하는 인터넷의 매력은 무엇일까? 즉시 머리에 떠오르는 단어들은 자유, 이동성, 유연성, 속도, 상호 작용, 선도, 참여, 혁신, 젊음, 신뢰, 반작용, 반(反)권력, 해방, 세계화처럼 강력하고 정확하다. 인터넷의 매력을 표현하는 단어 세 개는 속도, 자유, 상호 작용이다. 그런데 이것은 대중매체에 대한 세대 간, 문화 간의 단절을 의미한다. 직장 상사든, 부모든, 아니면 학교 선생이든, 어떠한 권력자의 허가 없이도 순환할 수 있고, 지적이며, 능력 있고, 유행을 선도한다는 감정은 개인의 지배를 뜻한다. 또 우리가 원하는 장소와 시간에 접속할 수 있는 정보의 승리를 상징하기도 한다. 한마디로 자기 자신에 대한 믿음 같은 것이다. 이것은 사실이다. 우리는 인터넷으로 제도와 굴레에서 벗어날 수 있다는 확신을 갖는다. 모든 것이 가능하다. 이것은 진정 새로운 지평이다. 개인과 정보는 최우선이 된다. 이것은 젊은 세대가 권력과 구조를 가로지르며 새로운 연대를 만드는 정치적 유토피아다. 과도하게 정보가 범람하는 공적 공간을 벗어나 유머와 거리 두기를 감행하고, 이데올로기의 종말과 세계화의 경제 지상주의에 의해 빼앗겼던 호혜적 연대와 새로운 형태의 유토피아를 창조해 내는 것이다. 다시 말해서 서열화 없이, 의사 표현과 발언권을 가능하게 만드는 반권력이다.

인터넷은 고유의 영역과 위계질서를 가지고 새로운 사회를 건설하려는 보편적 사고와 고전적인 의미의 정치 유토피아가 아니다. 오히려 실용적인 방법으로 행동하고, 부정적인 편견 없이 세계화를 포용하면서, 지리적인 문제와 국경의 문제를 해결하는 적당한 타협과 주도력, 그리고 자유의 총합이라 할 수 있다. 이런 이유로 우리는 현대성의 공간 속에 위치하고 있다. 다른 종류의 도구이자 필수적인 대중매체가 세계를 향해 열린 창문임과 동시에 사회적인 연대의 역할을 하는 것처럼 말이다(『대중을 위한 찬가』). 사람들이 갖는 확고한 편견과는 달리, 인터넷과 텔레비전은 상호 보완적이다. 그런데 인터넷은 '한정된 영역'에서 빠져나올 수 있도록 해 주는 반면, 텔레비전은 결과적으로 이 영역들을 보장해 준다.

여하튼 인터넷은 그 자체가 제기하는 역설 때문에 흥미롭다. 인터넷은 한편으론 글쓰기를 새롭게 촉진시키지만, 다른 한편으로는 글쓰기의 가치를 떨어뜨린다. 글쓰기에는 육하원칙에 의한 사실을 전달하는 정보-서비스는 물론이고, 개인적인 비밀스런 감정, 문학적인 표현, 공적인 증언 등 여러 형태가 있는데, 사람들은 인터넷에서 얻은 정보를 가지고 선택과 위계질서 없이 마구잡이로 글을 쓴다. 모두가 참여하는 이러한 민주적인 글쓰기와 사실과 거짓, 광고, 공적인 글과 사적인 글 등의 구별 없는 글쓰기에 의해 글쓰기의 재평가와 탈신성화가 동시에 이루어진다. 또 다른 역설은 각 개인이 그가 접속할 수 있는 정보의 양에 매료된다는 사실이다. 그러나 아무도 이 많은 정보가 소통의 과정 속에서 사회적으로 어떻게 이용되는지에 대해서는 의문을 갖지 않는다.

사람들은 그저 인터넷이 정보를 낳는 유일한 기술이고, 특별한 어려움이나 저항 없이 정보와 행동, 표현과 권위 사이의 직접적인 유대와 같은 기적을 만든다고 생각한다. 표현, 상호 작용, 명령, 정보-서비스, 비판, 그리고 권위를 동시에 허락하는 장치는 정보와 소통이다. 더욱이, 검색 엔진은 아주 넓은 범위의 조사를 가능하게 하는데, 이것은 키워드 논리를 통해 지식과 지성의 교차점에 연관된 더 복합적인 판단기준을 평가절하한다. 디지털 도서관에의 직접적인 접속은 지식 관계를 단순화시키지는 않는다. 이 세계는 모든 것이 접속 가능하고, 생산과 이용의 구분이 사라지고, 즉석 복제 기술이 모든 경제적 조치를 불가능하게 만든다. 이 세계에서 어떻게 지적 자유와 창의성을 보호할 수 있겠는가?

모든 사람이 접속하고 참여하는 공인된 장소와 공간은 어디인가? 프랑스에서 표현의 자유와 사적, 공적 생활의 경계 보장 그리고 저작권 보호와 연관된 HADOPI 프로젝트(2009년 6월 12일에 제정된 불법 다운로드 처벌법—옮긴이)가 당면한 난관에서 볼 수 있듯이 인터넷에 필요한 합의를 만들어 내는 것은 아주 어려운 일이다. 일반적으로 말해, 정보와 기억이 과잉 공급된 세상, 동시대적인 행동 계획에 대한 여지를 남겨 주지 않는 세상에서 어떻게 살 것인가?

인터넷은 정보기술의 상징이지만, 그것에 의미를 부여하는 일은 또 다른 종류의 소통을 추구하는 것이다. 인터넷 사용자는 무엇보다도 먼저 다른 종류의 인간관계와 또 다른 연대를 만들기를 원한다. 타자는 가장 중요한 지평이다. 이 정보의 바다에서 언제나 제기되는 똑같은 질문은 '어떻게 하면 더 쉽고, 자유롭고, 진실하게 다른 사람과 관계를 맺을 것인가?'이다. 결국 정보 체계의 제왕인 인터넷은 인간 소통의 영원한 문제와 다시 마주친다. '어딘가 나를 사랑하는 사람이 있을까?'

페이스북 같은 사회적 연결망은 감정적인 사회적 연대를 찾으려고 노력하는 「프랑스 사냥꾼(1885년에 창간된 사냥과 낚시, 주택 수리 관련 월간지, 특히 구혼광고로 유명하다―옮긴이)」과 같은 잡지의 현대적, 가상공간적 버전이다. 사회적 망이라는 단어 자체가 모든 것을 설명해 준다. 그 연결망 너머엔 인간이 우선시되는 사회가 있다. 접속한 사람들 모두가 평등한 '동등 계층 간 통신망(peer to peer)' 속에서, 우리는 어떻게 하면 다른 사람과 더 쉽게 만날 수 있을까? 우리는 서로를 찾고, 또한 서로 동등하다. 웹, 블로그, 트위터와 다중 연결망들의 지향점은 더 자유롭고 더 진정한 다른 종류의 인간 소통이다. 이는 또한 고독에 대한 치료제이다. 모든 사회와 가족 구조가 해체된 도시의 환경 속에 숨겨진 이 무서운 고독이 새로운 공동체 연대 건설을 필요로 하는 것은 당연하다. 인터넷은 도시 속의 인간 소외라는 이 새로운 현실에 대한 저항 수단이다. 자유롭지만 혼자인 수단 말이다. 우리가 생각하는 것보다 더 관대한 젊은 세대들에 적합한 이 도구는 오늘날처럼 정치적 이상향이 실종된 환경에서 해학과 아이러니를 무기 삼아, 역사의 함정과 막다른 골목을 항해하듯 다른 관계들을 찾는다.

물론 인터넷의 본질은 소통의 추구에 연계되어 있는 것이 아니라 정보-서비스라는 왕국의 거대한 이윤 창출에 의해 제기된 문제들을 대상으로 한다. 그러나 젊은 인터넷 이용자들을 들뜨게 하는 자유와 평등, 소통의 추구를 과소평가해서는 안 된다. 바야흐로 인터넷이 현대 도시 생활의 거대한 고독과 인간 소외에 종말을 가져온 것이다.

인터넷 개인주의는 또한 다른 공동체의 추구로 상징된다. 우리는 지속적으로 유토피아와 기술적 환상의 중간에 서 있다. 시간, 실패, 성공이 서비스, 시장, 욕구 해소, 해방, 정치적 유토피아 사이의 차이를 만들 것이다. 단지 기성세대가 젊어 보이기 위해 무분별한 기술 추종주의의 함정에 빠지지 않는다면 말이다.

인터넷이 대상이 되는 영웅적인 행위와 유토피아만큼 그에 대한 환상도 크다. 이곳은 가장 큰 자유의 공간인 동시에 재무적 부패, 범죄, 마피아, 포르노로 넘치는 공간이다. 유언비어와 조작이 가장 손쉬운 장소이기도 하다. 그 이유는 그곳에서 흐르는 정보의 대부분이 검증을 받지 않기 때문이다. 그러나 어떠한 문제의 여파가 너무 충격적이 되면, 지금까지 신문, 잡지 등의 인쇄 매체와 라디오와 텔레비전에 그랬던 것처럼 결국 정치적 규제를 가해야 한다는 생각이 자리 잡을 것이다. 물론 아직까지는 무한 자유에 대한 환상을 더 많이 갖고 있다. 하지만 인터넷도 법의 테두리 밖에서 존재할 수 없으므로, 기술 이데올로기의 실제적인 이중성에서 벗어나야 한다. 즉 정보는 표현의 자유인만큼 검열될 수 없다는 비 규제 이데올로기 같은 것들 말이다.

흥미로운 것은 현재 금융 자본주의의 위기에도 불구하고 필수적인 규제의 필요성을 주장하는 사람이 많지 않다는 것이다. 게다가 자유로움과 전지전능함에 의해 가려진 추적성은 3세기에 걸친 정치적 투쟁으로 어렵게 획득한 공적, 사적 자유의 근본을 흔들 수 있다. 민주사회의 법 이상은 자유를 파괴하는 것이 아니라 언제나 보호하는 것이다. 문제는 그런데도 이런 상황, 즉 정보 규제법을 표현의 자유를 말살하려는 괴물로 생각하는 상황에서 우리가 할 수 있는 일이 별로 없다는 것이다.

"내가 인터넷에서 검색해 볼게." 어디에서나 들리는 이 말은 진실의 문제에 대한 사람들의 심각한 순진성을 나타낸다. 거리에서 길을 걸어갈 때 항상 누군가가 인터넷을 언급하는 것을 들을 수 있다. 우리는 개인의 자유라는 감정에서 곧 추적성과 종속성의 현실을 깨닫는다. 추적성에 의한 통제는 분류 카드에 의한 통제보다 더 많은 위험성을 가진다. 가까운 미래에 RFID(전파를 이용해 먼 거리의 정보를 인식할 수 있는 기술―옮긴이) 전자 칩을 통해 개인의 행동을 예측하고 감시할 수 있게 될 것이다. 이미 많은 논쟁을 불러일으키는 행동과 정체성에 대한 추적성은 더 이상 이름도, 개인 신상 명세표도 필요 없는 사회를 만들고 있다. 물론 개인과 집단은 인간 행동이 사회적 도표에 감금되도록 놔두지 않겠지만 그래도 위험은 존재한다.

한편 우리는 인터넷으로 절약된 시간을 어떻게 사용할까? 전지전능함과 떼어 놓을 수 없는 정보의 속도는 시간을 요구하는 타자성을 TV 채널 돌리듯 외면한다. 시간은 인터넷의 주요한

적이다. 우리는 차이들을 뭉개 버리면서 채널을 건너뛴다. 어쨌든 지식은 정보의 속도만큼 발전하고, 교환되고, 통합되지 않는다. 오히려 인식적 채널 돌리기에 저항하고, 이 거대한 정보의 바다에 의미를 부여하기 위해 필연적으로 그 반대가 되기도 한다.

속도와 수평성도 좋다. 하지만 세상에 대한 이해, 지식의 시차성, 현실의 무게와 관련된 논의는 어디에 있을까? 특히 사적 공간과 공적 공간 사이의 수 세기에 걸친 투쟁으로 이루어진 정치적 경계선의 존중은 어떻게 다룰 것인가? 자신과 다른 사람들에 대한 모든 것을 공공 영역에 드러내는 것이 발전은 아니다. 또 그렇게 한다고 해서 모든 것이 다 투명하고, 즉시 이해될 수 있는 것도 아니다.

그 외에도 경험이라는 문제가 남는다. 사회적, 인간적, 감정적인 '실제 현실'을 새롭게 경험하기 위해서는 기술과 네트워크에서 빠져나오는 것이 절대적으로 필요하다. 정신분열증적인 관계망과 상호 작용 속의 고독을 경계해야 하며, '디지털적 우정'에서 벗어나 현실을 직시해야 한다. 왜냐하면 기계 장치를 끄고 난 뒤에는 바로 현실이 시험대가 되기 때문이다. 경험은 컴퓨터 모니터 앞이 아니라 현실에서 찾아야 한다.

인터넷에서 우리가 좋아하는 것은 거의 모든 게 가능하다는 느낌을 주는 정보의 풍부성에 있다. 그러나 현재와 과거가 뒤섞여 있는 '나쁜 정보'와 '정보 과잉'에 주의해야 한다. 속도와 기억의 편재 사이에서 현재와 그 계획들을 위해서는 무엇이 남아 있는가? 어떻게 타자를 관용하고 수용하는 데 무능력한 지구적 공동체의 폐쇄성을 극복할 수 있는가? 타자에 대한 불신과 폐쇄적 공동체주의로 향하는 세계적 차원의 도피는 정보 체계의 일반화와 양립한다. 세계의 끝에 있는 자신과 닮은 부류의 사람들과 소통한다고 해서 그것이 외국인과 이민자, 혹은 그저 같은 건물에 사는 타인과의 공존을 쉽게 만드는 것을 의미하지는 않는다.

타자에 대한 관용은 모든 소통의 기반이다. 이것은 교환하는 정보의 속도와는 아무런 관계가 없다. 인간적, 사회적 관계들은 페이스북이나 인터넷에서 검색하는 것보다 훨씬 복잡하다. 블로그, 트위터, 네트워크 또는 다른 종류의 정보기술 속에서 침묵과 지속, 그리고 관조를 찾을 수 있을까? 모든 것이 상호 작용적일 수 있을까? RFID 전자 칩을 장착한 '첨단 대상을 위한 인터넷' 신화가 위의 문제 제기를 간단하게 만들지는 않는다. '사물 간의 소통'을 말하는 것은 사람들을 부조리 속에 감금하는 행위이며, 인간 소통의 무덤을 의미한다. 이미 일상적으로 교환되는 귀찮은 전자우편에 시달리는 개인이 소통의 낭떠러지 끝에 있으며, 살아 있지 않은 사물에 장착된 상호 작용 전자 칩에 접속하는 것을 의미한다. 정말 대단한 인본주의가 아닌가! 기술의 의인화(擬人化)와 인간 소통의 사물화 같은 것을 또 만들어야 할까? 첨단 기기에 의한 미래의 인터넷, 즉 웹 3.0이 기술 유행의 정점이 될 것인가? 아니다. 그것은 그저 단어의 의미를 훔치는, 우스운 절도 행위에 지나지 않는다.

우리는 모든 언론 매체들이 매달리는 극 현재성, 즉 오로지 현재 무슨 일이 벌어지는지에만 관심을 가지는 기이한 상황에서 빠져나와야 한다. 또 소통의 기술에 대한 역사와 유토피아도 재정립해야 한다. 삶은 인터넷과 함께 시작된 것이 아니며 인터넷 없이 사고하고, 창조하며, 꿈꾸는 수억 명의 사람들이 존재한다는 것을 기억해야만 한다. 역사 없는 역사 속에 우리를 감금하고, 기술이 가져다주는 것과 동시에 우리를 정보의 바다에서 익사하게 만드는 현실을 비판적으로 생각해야만 한다. 이것은 인터넷 혹은 꿈, 그리고 너무 빨리 달려가기 때문에 결국은 시간이 멈춰 버린 기술적 공간에 대한 환상이다. 시공간의 탈출에 유혹당한 개인 인터넷 이용자는 일종의 가상현실

속에서 인터넷이 야기하는 사회정치적 문제에는 무관심하다. 그는 자신과 너무나 다른 타자를 몰아냄과 동시에 영혼의 동반자 찾기를 시도한다.

바로 이러한 것이 역사의 잘못된 출구가 될 것이다. 인터넷은 가장 나쁜 기술 이데올로기의 상징과도 같다. 그것은 다름 아닌 도구에 대한 복종이고, 수신자를 타자성의 주체로 보지 않는 무관심이며, 시간을 정복했다는 환상, 그리고 인터넷상에서의 교환에만 머무르는 일이다. 이러한 표류는 가능한 것이지만 필연적이지는 않다. 왜냐하면 역사는 이미 쓰여진 것이 아니기 때문이며, 그러한 이유에서 문제를 해결할 수 있는 정치가나 엘리트들의 책임이 막중하다. 특히 '혁신적으로 보이기 위한 추종주의'에 대해서는 인터넷의 문제점을 가장 먼저 지적해야 했지만 한 번쯤 진보적으로 비치고 싶어서 기술을 추종한 학자들에게 책임이 있다. 정치가들도 혁신적으로 보이기 위해 기술 추종에 성급히 합류했다. 역설적이게도 정치가들은 시민과의 접촉이라는 직접적 관계보다는 블로그 같은 기술 매개체를 이용하는 것이 더 쉽고 효과적이라고 생각할 정도다. 이것은 마치 인터넷상의 상호 작용을 현실에서의 소통으로 대체하는 셈이다. 정치는 절대로 정보의 속도만큼 빠르게 작용할 수 없다는 사실을 잊어버린 채, 전자 민주주의를 시민의 정치 참여를 확대하는 도구로 간주한다. 인터넷은 민주주의의 새로운 동력이 될 수 없다. 이는 권력의 문제가 정보만의 문제가 아니라 인간적 소통과 가치의 문제이기 때문이다. 마지막으로 지난날 이미 라디오, 그리고 다음엔 텔레비전과 함께 광범위하게 출현한 신화 뒤엔 지식과 문화의 민주화 조건으로서의 인터넷이 있다. 문화와 지식은 모든 것에 대한 모든 이의 다중 동시 접속과는 아무런 관계가 없다. 또 인간적이고 사회적인 경험으로부터도 분리될 수 없다. 그러나 사람들은 이런 사실을 망각한 채 문화와 지식을 향한 접속을 민주화한다는 명목으로 인터넷에 모든 것을 기대한다.

엘리트들, 특히 가장 먼저 인터넷 혁명을 상대적인 것으로 간주했어야 할 과학자들이 왜 인터넷의 추종자가 되어 다가오는 세상의 이상적인 미래로 소개된 인터넷에 어떠한 비판적 거리도 두지 못하는 것일까? 엘리트들은 추적성, 나르시시즘, 규격화, 합리화 등 정보의 기술 체계에 내재된 것을 가지고 개방과 표현, 비판 공간 사이의 비율을 비교, 분석하여 시간 속에서 재정의했어야 했다. 대체 왜 이러한 사고의 부재가 생겼으며, 왜 그들은 순종적인 추종주의에 열중하는가?

기술 이데올로기로부터의 탈출

기술 이데올로기는 합리성과 기능을 개선하려는 바람과 함께 사회를 사이버적 모델에 적용시키는 것으로 나타난다. 이것은 시스템 이데올로기의 보이는 부분에 불과하다. 합리성 이데올로기의 일종으로서, 인간관계나 사회의 기능만큼이나 자연과의 관계에도 적용된다. 시스템 이데올로기는 어떤 면에서 지구적 이데올로기가 되었는데, 19세기 과학적 실증주의를 좀 더 복잡한 방식으로 재구성했다.

결국 모든 것이 혼합되었다. 시스템의 이론 분야에서 복합성에 대한 사고의 출현은 기술 이데올로기를 비롯한 실증주의 이데올로기를 재충전하고, 지식 이론을 새롭게 다지는 데 이용된다. 이러한 특성과 함께 이 기술 이데올로기는 인간적 경험과 사회 기능의 심장부에 있는 정보와 소통에 적용된다. 우리는 주변부적 이데올로기 속에 있는 것이 아니다. 개인적 자유 모델의 현대성과 더불어 다른 사회연대 찾기의 중심에 서 있다. 따라서 자주 새로운 인본주의로 불리는 기술 이데올로기가 왜 그만큼 큰 성공을 거두는지 이해할 수 있다. 많은 사람들은 사이버 모델, 체계 이론, 네트워크 등과 같은 효율성으로 인간과 사회관계가 기능하리라는 환상을 품고 있다.

이성적 사고와 시스템 만능주의, 기술, 인간관계, 사회관계의 단절을 복원시키는 것은 과학과 기술 이데올로기의 환상과 유혹으로부터 벗어나는 데 필수적이다. 우리는 지난날 자원과 자연을 정복한 것에서부터, 이 기술 이데올로기가 새로운 사회의 모델을 탄생시킬 수 있으리라 생각했다. 오늘날 과학과 기술 이데올로기는 정보 체계와 생물학, 체계 이론에 연관된 은유들과 함께 네트워크 사회의 기능에 적응한 것처럼 보인다.

언제나 사고와 기술 체계, 사회 또는 정보와 소통, 인간 사이의 연속성을 확립하느냐 그렇지 못하느냐라는 똑같은 이론적 문제가 남는다. 지난날은 서열과 안정에 중점을 둔 사회였다. 그러나 오늘날은 체계 이론과 합리성에 의해 지지된 과학과 기술 이데올로기가 더 유연하고 상호 작용적인 새로운 사회 모델을 재창조할 수 있다고 생각한다. 비평적 사고 역시 항상 똑같다. 그것은 과학과 기술의 주요한 문제점, 인간과 사회의 문제점 사이에 존재하는 논리의 차이를 상기시킨다.

내가 주장하는 소통 이론은 비연속성, 비소통, 협상과 공존 등을 강조하며 우리를 비판적 사고의 전통으로 돌려보낸다. 비판적 사고는 학문과 사회, 인간 사이에 존재하는 본성의 차이점을 유지시키려 한다. 또한 정보, 행위, 지식이라는 세 가지 큰 관계 사이에 존재하는 논리의 차이점을 보존하기 위해 모든 것이 행해져야 한다는 '정당성의 대립'을 강조할 때도 그러하다. 실제로 인식론적 대립은 정기적으로 통일성 이론을 구상하는 사람들과 비연속성을 주장하는 사람들 사이의 대립이며, 그것은 여전히 계속된다. 최신 과학의 역사들, 즉 범 학문 분야, 우주과학, 생명과학, 환경과학, 소통과학 등은 비연속성을 중요시하는 두 번째 관점을 강화시킨다. 그런데 불행히도 그것은 통일성에 중점을 둔 지배적인 입장에 어떠한 영향도 끼치지 못한다. 통일성에 매료된 이론과 비연속성을 수용하는 이론 사이의 대립은 오래되었지만 소통과학에 동의하는 사회과학의 영역에서 다시 나타난다.

시민을 조종하는 능력을 포함하는 막강한 권력을 강조하는 학설은 수신자의 자율성을 믿지 않는다. 그와 반대로 권력의 대립성이라는 시각을 가지고 있는 열린 학설은 수신자들이 저항할 수 있는 상황들에 가치를 부여한다.

소통의 장에서 기술 이데올로기로 다시 돌아오자. 기술 이데올로기를 벗어난다는 것은 기술 만능주의에서 벗어나고, 인간 소통의 발전이 기술의 발전과 비례하지 않는다는 것을 상기하는 일이다. 지난 백 년간의 해방운동에서 함께 묶여 있던 소통과 기술을 분리하자. 기술의 발전은 소통의 발전과 동의어가 아니며, 정보를 알려 주는 것은 소통이 아니다. 이 기술의 편재성은 많은 이들이 기술 없이는 소통이 거의 불가능하다고 믿게 만들 정도로 모든 비판정신을 무력화시켰다. 네트워크는 마술적 단어가 되었다. 그러나 인터넷망은 같은 관점을 가진 사람들을 집단화시키는데, 이것은 네트워크의 강점이자 매력이다. 아무리 널리 펴져 있어도 인터넷망은 본질적으로 같은 부류와 공동체의 집합이다. 이것이 많은 사람들이 인터넷망에 접속하기를 원하는 이유이기도 하다. 그러면 공동의 가치와 이해를 지닌 사람들을 모아야 할 뿐 아니라, 그보다 더 많은 수의 차이를 가진 사람들을 한곳에 모아야 하는 사회의 더욱 복잡한 문제는 어떻게 되는가? 소통의 지평으로서 공존은 폐쇄적 공동체주의와 같은 부류인 네트워크 내의 소통과는 아무런 관계가 없다. 세계화에 따른 도전은 공동체 논리를 관리하는 것이 아니다. 오히려 공존의 관점에서 비동질성을 관리해야 한다. 인터넷망의 사회는 폐쇄된 공동체이고 개인적 모델에 불과하며, 타자성과 사회성이라는 좀 더 복잡한 모델은 회피한다.

우리는 현실에 역사적, 지리적 거리 두기를 재도입해야 한다. 1914~1918년의 제1차 세계대전 이후 많은 지식인들이 제일 먼저 죽음의 산업(무기 산업)을 발전시켰던 과학주의와 기술주의의 문제를 제기했다. 현시점에서 여기에 새로운 가치를 부여해야 한다. 그 당시 전능한 기술에 대한 비판은 많은 공감을 불러일으켰다. 대량 학살에 대한 기억이 아직도 편재해 있었기 때문이다. 원자폭탄을 계기로 논쟁은 다시 시작되었지만 이후 40년 동안, 특히 소통 기술들에 대한 환상이 그 나머지 모든 것을 가려 버렸다. 더 나아가 사람들은 '좋은 기술'을 찾을 수 있다고 확신했다. 우리는 역사적, 비평적 고찰과 막히고 마춰된 이론이 함께하는 자리에 서 있다. 기술에서 탈출해서 소통 이론과 사회 이론 사이의 연대를 명백하게 표시해야 한다. 이런 이유로 우리는 학교와 교사, 교수들에 경의를 표해야 한다. 그들은 정보와 지식을 넘어서, 교육의 본질은 살아 있는 존재 사이의 복잡다단한 대화를 통해 이루어진다는 사실을 이미 오래전부터 알고 있다. 과거 라디오와 텔레비전 같은 기술, 그리고 오늘날 컴퓨터가 교육학의 새로운 지평을 열었다는 것을 인정한다. 하지만 인간적인 소통 없이는 지식의 전달이나 교육이 존재하지 않는다는 것도 경험을 통해 잘 알고 있다. 왜냐하면 아무리 기술이 상호 작용적이고 매혹적이라고 할지라도 인간 소통의 불완전하고 혼란스러운 효율성이 결여되어 있기 때문이다.

기술 이데올로기의 편재성을 나타내는 증거는 바로 기술 이데올로기의 의미와 기준에 대한 아무런 정치적 토론이 이루어지지 않고 있다는 것이다. 과학과 기술에 대한 비판이 오래전부터 행해진 유럽에서도 좌파와 우파를 막론하고 소통이라는 판도라의 상자를 열지 않는 데 합의하고 있다. 그들은 기술의 발전과 소통의 발전을 혼동하고 있다. 역사적 관점이나 비교 시각 없이 모든 곳에 기술에 의해 규정되는 똑같은 진보의 이데올로기가 존재한다. 모든 정파의 정치가들은 다음과 같은 명백한 사실을 상기하여야만 한다. 새로운 기술은 이미 존재하는 사회적 연대가 위협받지 않았을 때에만 개인주의를 허용한다. 그 반대의 경우 무질서와 혼돈이 사회적 유대 없이 단절된 관계들을 확대 재생산할 것이다. 모든 경제적, 정치적, 종교적 위기는 개인에 대한 집단 우월주의의 결과 때문이다. 개인주의적 관점을 새롭게 하는 것은 폐쇄적 공동체주의보다 사회 또는 사회적 연대가 더 중요하다는 사실을 상기시키는 데 필수적이다. 사람들이 도처에서 같은 도구와 같은 기술을 사용한다고 해서 그들이 같은 방식으로 사고하고, 같은 세계관을 품는 것은 아니기 때문이다.

　마지막으로 우리는 수요와 취향의 논리보다는 공급과 창조의 논리를 우선시하는 문화 산업, 특히 소통의 고유 특성을 끊임없이 상기해야만 한다. 공급은 항상 수요보다 복잡하다. 그것은 언제나 규정되어 있지 않은 대중이 관심을 가질 수 있도록 프로그램과 정보를 생산해야 하는 위험을 감수하기 때문이다. 미디어가 일반화될수록 그들의 일은 더욱 어려워진다. 그럴수록 매우 다양한 대중을 상대해야 하기 때문이다.

　반대로 수요의 논리는 특히 문화적 대상에서 좀 더 쉽다. 그것은 단지 대중이 원하는 것을 공급하면 되기 때문이다. 이 사실은 다음과 같은 대중 영합적인 슬로건에 의해 자주 정당화된다. '자유로워지세요, 당신이 관심을 갖는 것에만 소비하세요.'

　공급에 대처하는 것은 자신을 벗어나 외부에 개방적이 되도록 한다. 수요를 중요시하는 것은 스스로를 게토 안에 감금할 위험성을 가중시킨다. 신문과 라디오, 텔레비전은 다수적으로 공급 논리를 나타내 보이지만, 인터넷은 수요의 논리를 대표한다. 이 둘은 상호 보완적이며, 한 세대 전부터 다수의 개인들이 이 공급의 논리에 따른 발전에 힘입어 해방되었다. 그런데도 어려움은 언제나 공급하는 쪽, 다시 말해 창조의 위험에 있다는 사실을 상기하여야 한다.

3장

우리는 우리가 보는 것만을 믿는다
―정보의 성공과 표류

정보는 세 가지 차원, 즉 정치와 관련된 대중매체, 경제와 연관된 서비스, 그리고 정보 산업과 맺어진 지식 등에서 20세기 역사의 진정한 승자다. 물론 소통의 중심이며, 모든 사회계층을 아우르고, 일상의 삶을 조직화하는 관계적 정보 또한 잊지 말아야 한다. 요약하자면 우리가 상상할 수 있는 모든 의미와 그 의미들의 모호함이라는 측면에서, 정보는 가장 고귀하고 규범적인 것에서부터 가장 일상적이고 기능적인 것에 이르기까지 열린사회의 중심적 가치이다.

모든 해방운동의 역할자, 정보

서양의 역사는 일반적인 세계의 역사와 마찬가지로 인간 해방운동의 중심 골격인 정보 자유를 위한 투쟁과 분리해서 생각할 수 없다. 이것은 매우 중요한 사실이다. 오늘날 정보 산업화와 연관된 모든 권력관계, 특히 경제적 이해관계와 뒤섞여 있다 할지라도, 정보는 인간 해방의 역할자로서 그 중요성을 결코 잃어버리지 않는다. 이것은 세계화에 대한 개방 조건이며 타자를 이해하기 위한 첫걸음이다.

정보는 여전히 비판정신의 전제조건이다. 그렇지만 오늘날 우리가 그 결과를 가늠할 수 없는 무엇인가가 변했다. '모든 사람이 모든 것을 알게 되고 동시에 모든 것을 본다.' 이 사실이 어떻게 우리의 필수적인 비판정신에 영향을 미칠 것인가? 세계적 차원의 문화적 다원주의는 아직 어린아이의 걸음마 수준에 불과하며, 결국 모든 것이 불확실해진다. 기술은 적어도 정보와 소통 시장의 재조직화보다 빠르게 변하며, 특히 미래 사회에서 정보가 할 수 있는 실제 역할에 대한 성찰보다는 더욱 빠르게 변한다. 게다가 정보의 특성이 어떻든 간에 수신자의 역할이 중요해진다. 수신자가 진실을 보장하는 것은 아니지만, 전 세계적인 영역에 걸쳐 현존하기 때문이다.

정보의 표류

기능적이고 규범적인 차원이 혼동되어 있는 곳에서, 정보의 표류는 정치적, 문화적, 경제적, 그리고 기술적인 승리만큼 발생한다. 금융가에서 개별 인터넷 이용자까지, 언론인에서 정당의 당원들까지, 정치인에서 투기꾼까지, 모든 사람이 각각 다른 의미를 부여하면서 정보의 자유를 옹호한다. 이러한 모순은 신문, 잡지와 같은 언론-정보에서 더 잘 드러난다. 그것은 이들이 문화 기호와 그 기호들을 해석하는 전통적 방법을 갖고 있기 때문이다. 다른 수많은 영역에서도 이러한 모순은 존재한다. 이것을 열 가지 범주로 분류해 볼 수 있다.

1. 정보는 더 이상 다양성을 창출해 내지 않고 오히려 합리화와 규격화를 생산한다. 역설적이게도 모든 사람이 같은 주제를, 같은 방식으로, 같은 시간에 다룬다는 사실이 무한 경쟁을 유발한다. 정보의 풍부함은 진실의 동의어가 아니며 경쟁은 기술에 대한 추종주의를 강화시킨다.

2. 그 결과는 개방성과 비교의 부족, 그리고 너무 상투적인 생각과 편견들이

다. 정보는 이런 것들과 반대되는 것을 생산해 내야 마땅하다. 그러나 정보의 속도는 너무 빨라서 우리가 알고 있는 사실을 깊게 알 기회와, 그 사실들에 대한 다양한 해석을 비교할 기회를 주지 않는다.

3. 정보는 돈이 많이 들고, 소위 말하는 '핵심'에 빨리 가야만 하기 때문에 너무 많은 단순화가 일어난다. 다시 말해 세계화에 의해 더욱 중요해진 문화적 다양성이라는 맥락을 전혀 고려하지 않게 된다. 정보는 서양주의(Occidentalisme)의 중독성 강한 대용물이다.

4. '특종 이데올로기'이다. 이는 경쟁의 장에서 자기 자신을 기발하게 보이게 하는 유일한 방법이다. '연예인화', 즉 유명하고 강한 자에 대한 무비판적 동일화는 역사적 깊이와 사고를 파괴하면서 모든 표류를 정당화한다. 엿보기 취미와 속보(速報) 문화를 증폭시키는 인터넷의 편재성에 의해 이 모든 것이 더욱 견고해진다.

5. '속도의 무한 경쟁'이다. 모두가 모든 것을 보고, 알게 된 이 세상에서는 경쟁에 이기기 위해서 남보다 빨리 가야만 한다. 세계적 차원에서는 복합적인 역사적 사건에 대한 이해가 소홀하기 쉽다.

6. '더 자유로운 정보'라는 명분 아래 제공되는 무료 인쇄매체 정보의 위험한 유혹과 충돌하는 '경제 논리'이다. 그러나 그것이 공짜라면 누가 무엇을 지불해야 하는가? '무상 가격'은 수요에 의하여 생긴 정보의 표류를 강화시킨다. 우리 모두는 그것이 결과적으로 언론의 자유를 위협한다는 사실을 잘 알고 있다. 수요의 독재는 정보의 최고 단계인가? 그럼 누가 무료 정보로부

터 이득을 취하는가? 그런데 왜 정보-서비스와 다른 분야에 대해서는 사용 요금을 지불해야 하는가?

7. '정보의 세계화'는 이전의 결점들을 세계적인 단계로 투영하고 강화하며, 정보에 대한 여러 가지 문화적 개념 간의 모순과 대립을 더욱 잘 드러나게 한다. 여기에서 다원주의는 어디에 있는가? 추가적인 문제는 이미지가 없는 정보에 어떤 신뢰성을 줄 것인가이다. 왜냐하면 '우리는 오늘날 우리가 보는 것만을 믿기 때문이다.'

8. 배포되는 정보의 숫자만큼 유언비어와 비밀도 증가한다. '우리가 더 많은 정보를 보여 줄수록, 그만큼 감출 것이 더 많다는 것이다.' '감춰진 것'은 정보의 개방과 풍부함에 비례한다. 비밀은 열린 공적 공간과 기술, 메시지를 통해 그 어느 때보다 더 잘 감추어지고 유포된다.

9. 미디어를 조정하는 사람이나 미디어에 초대받는 사람들과 마찬가지로 미디어는 제자리 돌기를 하는 경향이 있다. 정보의 생산 또는 설명에 참여하는 부류는 극히 한정되어 있다. 언제나 같은 사람들이 일종의 허위 귀족 체계를 구성하며 정보 생산을 독점한다. 정보와 소통의 세상에서 일하는 사람들은 세상에 투영되는 빛과 세상의 빛을 혼동하고 있다.

10. 기술의 발전과 더딘 정보 생산 작업 사이의 혼동 또한 문제이다. 모든 것이 너무 빨리 소모되기 때문에 계속해서 '새로운 것', 즉 뉴스가 필요하다. 뉴스 통신사 AGENCE(AP, AFP, Reuters 등 세계의 긴급 뉴스를 보도하는 정보 회사—옮긴이)를 이용하여 세계에 대한 정보를 충당함으로써 비용 절

감을 위해 노력하는 것과 동시에, 소위 '연예인화된 유명 인사'의 정보를 통

해 돋보이려고 시도한다.

150여 년 동안 우리는 더 많은 수의 매체가 있을수록 더 많은 수의 완전하고 다양한 정보가 생산될 것이라고 굳게 믿었다. 그런 만큼 우리는 위의 모순들을 예상하지 못했다. 정보의 양적 증가가 더 많은 규격화와 유언비어, 연예인화된 유명 인사의 정보로 이끌고, 기자의 역할을 뒤흔들며 비밀을 강화한다. 특종과 사건의 무게에 대한 편견에서 탈출하는 데 어려움이 있으며, 공급 논리보다는 수요 논리에 의해 야기된 모호성이 자리 잡는다. 이해를 위한 보조적 열쇠 없이 정보의 과다로 인해 생기는 문제들과, 확장일로에 있는 정보-서비스 같은 관점에서 철저히 상업적이고 경제적인 논리로 이행되는 지식 정보의 포획도 예상하지 못했다.

결국 이전에는 생각하기 어려웠던 다음과 같은 문제가 부상한다. 비소통은 확장되는 정보의 양과 소통 체계의 능력에 따라 비례해서 증가하는가? 몰이해와 비관용, 편견은 정보가 순환하는 속도에 비례해서 증가하는가? 정보 승리의 어두운 부분인 추적성도 증가하는가? 답은 '그렇다'이다. 모든 모순은 정

보의 확장과 속도에 비례한다. 결국 우리는 매체 장치와 모든 형태의 정보에 대한 법률적 관리를 재고해야 한다. 확실히 가장 복잡한 문제는 많은 동일 정보와 더 많은 정보 오용과 비관용이 같은 시공간에 존재한다는 것이다.

미래의 연구 과제

정보에 관한 비평적 성찰은 지난 50년간 경제, 기술적 변화보다 훨씬 느리게 진행되었으며, 언론-정보 매체에 집중되었다. 그리고 그것마저도 신문, 잡지 등의 인쇄 매체와 대중매체와의 전통적인 문제에만 국한되어 있다. 멀티미디어의 출현에 따른 단절은 잊어버렸다. 특히 정보-서비스와 지식-정보의 폭발적 성장에 따른 문제를 너무 무시한 채, 기술적인 문제에만 몰두했다. 마치 정보의 미래가 전적으로 인터넷에 달려 있다는 듯이.

첫 번째 혁명의 목적은 정보를 뉴스와 서비스, 지식, 관계 등과 함께 총체적인 차원에서 생각하는 것이다. 즉 모든 매체들에 대해 규범적 차원만큼이나 기능적 차원에서 상호 비교적인 방법으로 숙고하는 것이다. 신문, 잡지 등의 언론-정보에는 규범성을, 그 외 다른 정보 매체에는 기능성을 인정하는 것만큼 나쁜 것도 없다.

　실제로 우리 사회에서 다중적 형태의 정보와 통신에 관한 이론적, 비교학적, 인식론적, 비평적 성찰은 많이 늦어졌다. 대다수의 질문은 1978년 필자가 출간한 『내일의 정보, 인쇄 매체에서 신미디어까지』에서 이미 던져졌다. 20여 년 전에 필자가 다른 학자들과 함께 만든 「헤르메스(Hermès)」 연구 잡지가 이러한 지연을 보완하는 데 이용되었다. 범 학문 분야적이고 국제적인 이 잡지는 1988년부터 세계 각지에서 1,000여 명이 넘는 지식인들이 '직접적으로' 과학적, 정치적, 사회적, 문화적 차원의 소통을 고찰하는 사상의 실험실이 되었으며, 이론적 공존에 훌륭한 장소를 제공해 주었다.

　정보가 프로메테우스, 즉 영웅적이고, 소통은 결과적으로 교양적이라고 한다면, 누구도 이 이분법을 받아들여서 좋을 것은 없다. 이 둘 간의 중점 문제들이 다르다고 할지라도 규범적 근거들은 같기 때문이다. 이것은 우리들 각자가 세상과 맺는 관계의 가장 근본적인 조건을 가리킨다. 규범적인 관점을 견지하기 위해 충분히 성찰한다는 조건하에서 정보와 소통은 항상 인간 해방의 곁에 있다.

성찰이 필요한 다섯 가지 분야

1. 속도와 양은 품질과 다양성의 동의어가 아니다. 속도는 아마도 정보의 승리에서 가장 큰 함정이다. 왜 빨리 가려 하는가? 누가 이것을 견딜 수 있을까? 언론인들도 그럴 수 없다. 속도와 진실, 지식과 행동 사이의 관계는 무엇인가? 지난 몇 세기 동안 속도는 정보를 더 잘 전달해 주며, 비판하고, 해방시켜 준 동반자였다. 그러나 이제 속도는 세계화의 복잡성에 맞서는 위험한 것이 되어 버렸다. 우리는 정보의 속도와 양과 진실 중 무엇을 축하해야 할까? 무엇이 경계들이 확장된 열린 세계에서 느림의 요구를 필수적으로 만들었는가? 게다가 속도와 양은 경쟁의 함정에 빠졌으며 정보를 훼손시키는 구조적인 변동을 설명하는 데 공헌해 왔다.

한편 우리가 거대한 균형과 시간을 존중하는 지속 가능한 성장과 생태학, 세계화로 상징되는 자유무역주의와는 다른 새로운 경제에 대해 언급할 때, 뉴스와 특종은 마치 속도가 진실과 객관성의 동의어라도 된다는 것처럼 모든 것을 폭로한다. '실시간 생중계'에 대한 이러한 열정은 무엇을 말하는가? 이것은 각자가 전쟁터의 기자나 전쟁 발발 직전의 정치가들처럼 직접적인 생방송 안에서 살려는 욕망이며, 속도가 몰이해와 폭력, 전쟁을 줄일 수 있다고 믿는 것과 같다. 수 세기 이래로 외교 정치에서는 느림이 위험한 긴장 관계를 해소하는 데 필수적이었는데, 왜 갑자기 속도의 무한한 힘을 믿는 것인가? 정보를 구해 내는 길은 '직접 생중계'의 이데올로기에 대한 저항이며, 언론인들의 다른 역할에 가치를 부여하는 것이다.

즉, 정보가 창조한 모든 것을 재고하고, 시간과 느림, 기자와 특파원의 중간 단계, 검정된 지식의 분류와 전파를 다시 회복해야 한다. 느림은 인간의 시간이고 빠름은 기술의 시간이다. 기술 이데올로기와 그의 사촌 격인 속도는 구글, 마이크로소프트, 애플 같은 기업들이 무자비하게 전개하는 산업전쟁을 심화시킨다. 정보의 빠름과 과잉이 있는 곳에는 정보산업체의 무서운 집중이 존재한다. 바로 이 집중이 다원성의 최대 적이다. 우리는 세 가지 형태의 정보를 구별해야 한다. 첫 번째는 가장 숫자가 많고 계속적으로 반복되는 '나쁜 뉴스'이다. 두 번째는 인간과 세상에 대한 다른 관점을 제공하는 '좋은 정보'인데, 이것들은 미디어와 매체에서 거의 찾아볼 수 없다. 세 번째는 '심층 취재 정보'인데, 이것은 전통적이고 새로운 다양한 미디어가 세상의 비전을 넓히고 구별하도록 허락한다.

2. 이제 기술 발전의 지배는 필수적이며, 역으로 기술 이데올로기에서 빠져나와야 할 필요성도 절대적이다. 어떻게 인터넷 없이 정보를 취득하고, 사색하며, 조사하고, 살아갈 것인가? 오늘날 거의 모든 것이 인터넷을 통해 이루어진다. 기술은 내용을 풍부하게 만든다. 하지만 그 내용물조차도 기술이 생산하고 제공할 수 있는 방식에 적응된 것이다. 거리를 둔 비평이 없다면 속도와 과잉의 시대에 정보의 지위에 대한 비판적 성찰을 하는 데 있어 아마도 가장 강력한 장애가 될 것이다. 기술의 힘은 영국과 미국의 앵글로 색슨계 정보통신그룹에 의해 지배되고 있는 경제적 논점과 분리할 수 없다. 언젠가는 남과 북(서구 선진국이 많은 북반부와 개발도상국이 많은 남반부를 나타냄—옮긴이) 사이의 쟁점이 될 위험이 있으며, 남쪽, 즉 개발도상국 사이의 갈등이 될 수도 있다. 북쪽, 즉 서구 선진국의 경제 지배와 문화, 통신산업의 지배는 밀접히 연관되어 있다. 물론 아랍 지역에서처럼 자신들 고유의 정보 TV 채널을 만들기도 하는 등 다원주의를 요구하는 목소리가 있기는 하지만 소수에 불과하다. 어쨌든 언론-정보를 위한 새로운 경제 모델을 모색한다는 것은 인터넷을 새 모델의 중심으로 채택한다는 것을 의미하지 않는다.

3. 인터넷 이용자인 동시에 블로거와 활동가로서 인터넷망에서 참여 행위를 하는 수신자는 정보 세상의 새로운 주연배우이다. 수신자는 물론 항상 존재해 왔지만, 그에게 쏟아지는 정보의 증가와 점진적인 해방을 핑계 삼아 비판을 한다. 문제는 수신자가 항상 옳은 것은 아니며, 오히려 그것과는 거리가 멀다는 사실이다. 정보를 알려 주는 것은 대부분 수신자의 의견에 거슬러서 행해지기 때문이다.

정보를 제공한다는 것은 사실과 사건, 전후 관계, 재현을 놓고 수신자와 벌이는 함축적 협상이다. 하지만 수신자는 절대로 무시할 수 없고, 절대로 만족시킬 수 없다. 정보가 소수이고 절대적이면 이 협상은 순조롭지만, 그렇지 않을 경우 협상의 여지는 줄어든다. 특히 정보가 넘쳐나고 공급자에 의해 의도적으로 손질된 경우에는 더욱 어렵다. 수신자는 정보의 자유에 대한 최고의 협력자인 동시에 가장 큰 적이다. 결국 협상의 여지는 줄어든다.

4. 문화적 다양성은 수신자를 중요시하는 것과 관계가 있다. 서양은 더 이상 혼자서 존재하는 것이 아니다. 계속해서 비판과 의심을 받아 온 서양은 자신의 가치를 포기하지 않으면서도

다른 지역의 가치와 협상하는 법을 배워야 한다. 문화적 다양성은 정보 앞에서의 불평등 문제를 제기한다. 어떻게 문화적 다양성에서 문화적 공존을 위한 정치적 협력으로 옮겨 갈 수 있을까? 즉 어떻게 보편적 가치와 정보의 자유, 문화적 다양성의 지식을 존중할 것인가? 정보는, 내가 『또 다른 세계화』와 『미래의 프랑코포니』에서 언급한 문화적 공존이라는 새로운 정치적 문제를 완벽하게 보여 준다.

이데올로기의 힘과 경제적 이익, 문화정치적 힘의 역학관계는 '모든 사람을 위한 좋은 정보'라는 우호적인 감정과는 아무런 관계가 없다. 이 세계적 정보 시장에서 이성적인 것은 아무것도 없다. 1980년 유네스코에서 벌어진 NOMIC(Nouvel Ordre Mondial de l'Information, 정보의 새로운 세계질서—옮긴이) 설전에서 처음으로, 당시 소련 URSS와 제3세계는 보편주의가 서양의 이익 추구를 위한 은폐물에 지나지 않는다고 주장하며 서양 세계를 공격했다. 이것은 현재 상황에 대한 전조였다고 볼 수 있다. 갈등은 가까운 미래에 재등장할 것이고, 상반된 세계관과 더 많아진 정보로 다원화된 세계에서 더욱 폭력적으로 표출될 것이다.

문화적 다양성의 혼잡은 상호 편견을 넘어서고 최소한의 문화적 공존을 이루어 내기 위한 시간과 느림을 필요로 한다. 그런 만큼 정보의 속도는 위험한 무기로 돌변할 수 있다.

우리가 극복해야 할 과제는 타인에게 문을 열면서도 본연의 자신으로 남는 것이다. 서양에서는 쉽지 않은 일이고, 다른 지역도 마찬가지다. 그러나 정보는 문화 공존의 거대한 건설 장에서 가장 두드러진다. 그곳은 즉각 위험한 전선이 될 것이며, 또한 정보의 편재와 교환의 속도가 결과적으로 전쟁과 몰이해의 촉진제가 되는 것을 피하기 위해 외교와 문화, 노하우가 필요할 것이다.

5. 마지막 쟁점은 정보-추적성의 갈등이다. 추적성은 정보 체계의 일반화와 함께 속도에 비례해 증가한다. 현재까지 많은 사람들은 추적성의 위험에 비해 자유가 가져다주는 것을 선호해 왔다. RFID와 나노 과학은 단지 정보 경제의 상호 작용적인 최후 방어자만 될 수 있는 것이 아니다. 민주주의 국가를 포함한 모든 나라에서 일반화된 경찰 체계에 공헌할 수도 있다. 테러리즘에 대한 공포에서 독재자의 민주주의에 대한 공포까지, 정보를 둘러싼 위험하고 연약한 자유를 합리화하려는 시도는 수없이 많다.

정보의 장을 확장하고 이미지와 상호 작용의 편재를 용인하는 똑같은 기술들이 동시에 가장 효율적인 사형 집행관이 될 수도 있다.

4장

우리는 서로 알고 싶지 않은 걸까?
-비소통의 새로운 경계

소통은 타자에 대한 문제이다. 정보와의 차이성은 거의 존재론적이다. 물론 수신자 없는 메시지는 없지만 정보는 그래도 독자적으로 존재한다. 반면에 소통은 전혀 그렇지 않다. 소통은 타자의 존재와 상호 인정을 통해 의미를 갖는다. 전부터 수신자는 항상 존재해 왔다. 그러나 민주주의적 단절은 당사자의 자유와 평등을 인정하는 데서 성립하며, 그래서 수신자의 평등은 정보를 수용, 거부, 협상하는 것을 말한다. 여기서 모든 것이 복잡해진다. 예전에 소통은 수신자가 제기하는 토론의 가능성 없이 서열적이며 일방적인 전달에만 국한되었다. 그러나 오늘날 거의 모든 사람은 동등하며, 서로 반응하고 협상한다. 이 급격한 변화는 세 가지 결과를 만들어 낸다.

타자와 세계화, 소통

소통에서 중요한 것은 수신자의 지위를 재인식하는 것이다. 이것이 특히 타자성의 문제를 정당화하기 때문이다. 이것은 근본적으로 새로운 상황이지만 그래도 아직까지 세계에 널리 퍼진 것은 아니다. 소통 상대자 사이의 평등하고 호혜적인 상황이 얼마나 드문 일인지 확인하기 위해서는 여행을 해 보는 것으로 충분하다. 수신자의 정당성, 즉 타자성은 소통의 모델을 근본적으로 변화시킨다. 이 모델은 비소통과 소통 당사자들 간의 끊임없는 협상을 강요하고, 절망적이며, 위험하고, 또한 되돌릴 수 없다.

공존은 이 점에서 세 가지 현실, 즉 민주주의, 개방, 상호 작용과 따로 떼어 내어 생각할 수 없는 21세기의 새로운 패러다임을 구성한다. 공존은 접속이나 나란히 놓는 병렬과는 다르다. 인터넷을 통해 접속할 수는 있지만, 그것은 실제로 공존 없이 나란히 놓인 병렬 상태에 불과하다. 공존은 의지와 행위의 결과이다. 시간과 의지가 요구되는 선택이며 절대로 정체된 것이 아니다. 놀라운 것은 민주주의 이론과 현대사회 이론의 심장부에 위치하는 개념과 현실에 대한 이론적 성찰이 뒤늦었다는 점이다. 게다가 환경과 생태학, 생명윤리, 지속 가능한 개발, 그리고 다른 현대의 커다란 급변이 출현했을 때, 소통과 이론적 성찰의 공백으로 인해 공동 대처 노력도 찾아볼 수 없었다. 소통은 개념적 차원에서 너무 오랫동안 그 가치가 과소평가되었다. 마치 이미지의 가치가 폄하되어 온 것과 같은 맥락이다.

현실에서 소통이 엘리트의 주목을 끌었던 적은 거의 없었다. 생명공학과 우주공학, 환경과학 등이 한 세대에 걸쳐 출현한 새로운 문제들과 동행해 왔는데, '소통과학'의 출현을 보기 위해서는 21세기 초반까지 기다려야 했다. 모든 나라에서 엘리트와 학계는 소통의 문제를 본질적인 이론의 문제로 취급하기를 꺼려 왔고, 한 번도 중요한 범 학문 분야적이고, 과학적인 문제로 여기지 않았다. 국제 학계에서는 몇 명의 명석한 학자를 제외하고, 지금까지 소통의 이론적 혁명이 중요하다는 사실을 인식하지 못했으며, 또한 이론적 측면뿐 아니라 사회, 문화적 측면에서의 풍부한 함축성을 보지도 못했다. 더불어 그들은 소통의 문제를 취급했을 때에도 더 현명하고, 더 이성적이라고 생각하는 정보에만 초점을 두고 소통은 항상 복잡하고 절망적인 것으로 치부해 버렸다. 반세기에 걸쳐 매우 중요하고 수준 높은 연구들이 행해졌는데도, 이 중대한 문제의 출현에 걸맞은 가시성이나 영향력을 획득하지는 못했다. 소통에 관한 이러한 연구들은 거의 관심을 끌지 못했고, 한마디로 하면 "우리는 알고 싶지 않다."였다.

엘리트들은 소통의 이론적 고찰에 대해서 무관심했지만, 소통의 첨단 기술을 사용하는 것에는 주저하지 않았다. 그런데 그들은 또 자신들의 영역에서 수신자들의 저항 가능성을 예상하지 못했다. 그들은 소통에 관한 모든 것을 무시하는 전통적인 편견과 동시에 새로운 기술에 대한 순진한 열광, 다시 말해 편견에 대한 공포와 기술 추종주의의 양면성을 가지고 있다.

대부분의 지식 이론 전이에서와 마찬가지로 정보와 소통의 역할은 충분히 인정받지 못했다. 그러나 비교인식론을 연구할 때에는 그나마 실제적인 역할을 맡았다. 소통 이론이 엘리트들의 주목을 끌지 못하는 다른 이유는, 엘리트 문화의 확산과 대중적 소통에 의해 자신들의 영향력이 감소할 것이라는 이유 없는 두려움 때문이다. 일반적으로 그들은 소통에서 자신들의 지위가 위협받는 것만을 보았고, 그것이 모든 나라에서 소통과 사회 사이의 관계를 연구하는 이론의 결핍을 잘 설명해 준다.

현대 정치 이론에서, 엘리트들은 비난할 때를 제외하곤 소통을 완전히 무시한다. 나아가 수신자의 순진성과 소통에 의해 휘둘릴 수 있는 가능성만 강조한다. 개인의 자유와 개방된 사회, 세계화 그리고 문화적 다양성과 관계된 정보와 소통의 지위에 대한 이론적 토론의 부재는 한 세대 전부터 시작된 기술 이데올로기의 과도한 독점을 부분적으로 설명한다.

소통에 대한 성찰 부재는 오늘날 경외의 대상이 된 인터넷과 함께 여전히 존재하고 있다. 이것은 50년 전 소통 문화의 출현과 대중 소통에 대한 비난만큼이나 왜곡되었다. 이러한 이론적 문제들을 연구하는 극소수 학자들은 1970년대 TV를 향해, 그리고 1950년대 라디오에 쏟아진 똑같은 저항을 경험했다. 우리는 거기에서 다수의 관점에 대한 공포와 대중문화와 민주주의를 향한 무시, 이미지에 대한 경계, 대면과 타자성에 대한 염려를 본다. 또 과학에 대한 성찰만큼 중요한 모든 기술적 문제에 대한 비판 문화의 취약성과 수신자의 지적 능력을 인정하는 데 있어서의 어려움도 발견한다.

이러한 현상을 분석하는 가설은 가능하다. 지식과 문화의 세계가 소통의 인식적, 정치적 문제를 심각하게 취급한 반면, 지식이 사라져 버린 자리를 차지한 연예인화에 대한 고찰은 많지 않다. 연예인화와 그에 대한 열광, 그리고 기술 이데올로기는 지식인의 배반 형태 중 가장 흔한 증상이다.

소통에 대한 연구, 비소통에 대한 고찰

소통과 비소통은 어깨를 나란히 하고 있다. 이 사실은 몇 가지 결과를 낳는다. 그 첫 번째는 대개 '잃어버리는 시간'으로 간주되는 대화와 교섭을 인정하는 것이다. 이는 현실의 인간과 사회관계에서 빠뜨릴 수 없다. 개인들이 서로를 이해하는 일이 드문 만큼 대화와 협상은 소통의 한 부분이다. 소통하는 것은 점점 덜 전달하는 것이고, 드물게 공유하며, 자주 협상하고, 결과적으로 공존하는 것이다.

중심적인 가설은 다음과 같다. 개방을 부정하는 것은 불가능하고 수신자를 무시하기도 어려운 이상, 협상의 여지를 인정하는 자세가 필요하다. 일반적으로 우리는 상반된 두 움직임을 결합해야만 한다. 폐쇄적 공동체주의를 탈피하기 위해 문화적 공존의 다양성과 정체성을 인정해야 한다.

사회적 차원에서 보면 위의 사실들이 대부분의 사회가 다문화 사회이며, 특히 국가 정체성에 있어서 다문화 사회가 위험하지 않다는 것을 인정하게 만든다. 오히려 강점이다. 다문화 사회는 훨씬 쉽게 자신과 타자와의 관계를 숙고하게 만든다. 해외 영토와 이민자들, 그리고 프랑코포니(Organisation Internationale de la Francophonie: 1967년에 창설된 75개 국가로 이루어진 범 불어 사용 국가 연합—옮긴이)를 가진 프랑스가 여기에 속한다. 한 국가 공간 안에서 고립된 정체성에 집착하는 대신에, 복수의 정체성을 인정하고, 공존을 조직화하는 것은 필수적인 장점이 될 수 있다. 오늘날 문화적 다양성은 유네스코 헌장이라는 매개체를 통해, 국제사회를 포함한 모든 사회에 요구되는 필수 사항이며, 공존은 정체성의 폐쇄를 방지하기 위해 건설해야 할 정치적 목표이다. 여기에서 대중매체와 분절된 매체(대상이 특화된 매체, 즉 종교 채널, 게이 채널, 지역 채널, 취미 채널 등등—옮긴이) 사이의 근본적이고 규범적인 차이를 찾을 수 있다. 대중매체는 한 국가의 동요에 저항할 수 있는 필수적인 국가 정체성을 보장함과 동시에 사회의 다양성을 반영한다. 분절된 매체는 국경선을 초월한 사회를 포함해서, 사회적 연대와 국가 정체성의 문제를 내버려 둔 채, 국가 공동체 내에서 사회의 파편화에 훨씬 더 기여한다.

이러한 의미에서 미디어의 조직화는 사회의 비전과 따로 떨어진 것이 아니다. 매스미디어와 인터넷 사이의 대립은 '오래된 것'과 '새로운 미디어'의 차이가 아니며, 사회의 두 가지 비전 사이의 대립이다. 정체성과 집합성을 공존시켜야 하는 필요성과 함께, 한쪽은 사회의 이질성을 반영하고, 다른 쪽은 타자의 분절성을 수용한다. 더욱이 인터넷에는 다음과 같은 모순이 있다. 우리는 인터넷에 의해 가능해진 소통의 산업화를 자찬함과 동시에, 문화적 민주주의화의 요인으로서 세계 박람회의 성공과 대형 박물관의 증가를 찬양한다. 소통의 산업화는 지난 50년간 대중문화의 이러한 확장과 모순되지 않는다. 시장을 개별화하고 더욱 이질적인 대중에게 다가가는 수요와 공급의 논리에서 문화와 소통의 영역이 필요한 것처럼, 우리는 소통의 산업화와 대중문화의 확장 모두가 필요하다. 간단히 말해서 많은 대중을 모으는 것이 타깃화된 대중을 만족시키는 것보다 어렵다.

좀 더 평화적으로 이질적이고 대립적인 두 가지 논리를 공존시키는 방법으로서 세속주의(laïcité, 국가와 종교의 분리—옮긴이)를 재평가하는 것도 같은 맥락이다. 세속주의는 공존의 표본이다. 프랑스에서 경험했던 투쟁적 세속주의가 아니라 관용의 세속주의를 찾아야 한다. 격렬하게 진행중인 세계화와 그에 맞서 사람들이 종교에 회귀하는 현실에서, 세계 평화를 위한 세속주의 공존 모델은 주목할 가치가 있다.

외형적으로는 현대적 개념인 의회-민주주의를 경계해야 하는데, 왜냐하면 이것은 실제로 역사의 복합성과 이데올로기를 지우며, 단순화되고 합리화된 사회의 비전을 창출하는 설문 조사의 지배에 기반을 두기 때문이다. 설문 조사의 편재는 현실의 초월 불가능한 복잡성을 매끈하게 하며, 각 개인이 같은 언어를 말하고, 그들의 '의견'에 따라 진화하는 사회의 동질성에 대한 환상을 강화시킨다. 전자 민주주의의 꿈에서 찾을 수 있는 사회의 비전은 시민이 정치가라는 중간 단계 없이 직접 자유롭게 토론하여 결정하는 것이다. 우리는 현실의 정치에서 정보와 지식, 과학 등 언뜻 보기에 현대적으로 보이는 것과 중간 단계를 없애 버린 '직접 민주주의' 사회의 환상을 강화시키는 것들을 경계해야 한다. 물론 의심스럽고 더러는 부패한 중간 단계(예를 들어 정치가)가 있으나 내가 여기서 말하는 중간 단계는 그와는 다르다. 이것은 직업적 능력과 다른 관점들 사이의 공존을 조직화할 수 있는 능력을 갖추고 있는 단계를 말한다. 이러한 중간 단계의 소멸을 통한 '직접' 혹은 '생중계'적인 민주 사회의 꿈에서, 개인의 절대적인 능력은 인간 해방의 이념에서 인기 영합주의로 빠르게 넘어갈 위험이 있다.

민주주의의 정치적 모델은 모든 경우 공존주의적이다. 사회 연대 개념의 진화에서 그것을 볼 수 있는데, 예전에는 훨씬 위계적이고 통일체적이었지만 지금은 필연적으로 좀 더 평등하고 다원주의적이다. 공존이라는 이 중요한 쟁점은 자유와 평등이라는 현대성의 구성적, 이율배반적인 두 가치를 공존시키려는 군중이나 개인화된 사회의 현실 속에서 찾아볼 수 있다.

'개방된 사회의 다른 핵심적 문제'는 타자성의 문제이다. 타자는 우리를 매혹시키는 동시에 겁을 먹게 한다. 그러나 타자의 지위는 변했다. 지난날의 타자는 멀리 있으며, 다른 곳의 존재이고, 대개 서열적인 상황에 있었다. 오늘날 타자는 바로 여기, 현대성의 심장부에 위치하며, 비록 평등함이 없다 할지라도 그들의 차이점을 보존하기로 결정한다. 우리는 더 넓은 영역에서 다른 정체성의 수용과 공존의 조직화라는 두 다리로 걸어가야 한다. 타자성을 관리하는 것은 호혜적 권리와 의무를 의미하며, 그렇지 않으면 공존의 모델은 무너질 것이다. 이것은 근본적이지만 견고하지 못한 신뢰의 개념에 대해 가치를 부여한다. 공존은 신뢰를 기반으로 하며, 그렇지 못할 때 모든 종류의 폐쇄적 공동체주의의 모태인 상호 불신이 자리 잡는다. 그리고 믿음은 시간을 필요로 한다. 다르게 말해 믿음과 관용 그리고 시간이 없으면 공존 또한 존재할 수 없다. 우리는 사회의 연대를 만들어 내며, 동시에 정체성의 공존을 조직화하고, 국제사회의 틀에서 공존하는 법을 배우는 것에 기반을 둔 민주주의 모델의 중심부에 자리하고 있다.

공존의 문제

소통의 현대적 모델과 연결된 공존의 문제는 국가-정부의 테두리 안에서뿐 아니라, 세계화의 차원에서 더욱 분명하게 찾을 수 있다. 이것은 실제로 두 가지 상반된 논리를 다룬다. 경제적 관점에서는 단일 시장이 문제가 된다. 경제는 긍정적이면서도 동시에 부정적인, 표준화와 합리화의 효율이라는 경제적 준거를 강요한다. 사회, 문화적 관점에서는 특히 2006년 유네스코가 문화적 다양성의 존중을 위한 헌장을 발표한 이후에 적어도 준거 기준으로 다양성을 이해하고 추구하는 것이 의무가 되었다. 이 헌장은 문화적 다양성과 우리가 건설해야 할 문화적 공존의 규범적 지향점을 인정한다. 우리는 지금 여기 내가 옹호하는 정체성의 존중과 공존의 조직화라는 소통 모델의 핵심에 와 있다. 그런데 어떻게 하면 차이점을 인정하는 것이 폐쇄적 공동체주의의 출현으로 이어지는 것을 피할 수 있을까? 어떻게 단순한 공존을 넘어 통합 연대를 구축할 수 있을까? 달리 말하면, 국제 공동체 안에서의 문화적 다양성의 조직화에 대한 모든 토론은 소통의 공존주의적 모델이 제기한 문제로 되돌아간다. 국가적 차원에서나 세계화의 차원에서 이러한 조건들을 정착시켜야 하는데, 그것은 강화된 공동의 작업 틀 안에서만 정체성을 인정할 수 있기 때문이다. 그렇지 않으면 분절과 폐쇄적 공동체주의만 발흥할 뿐이다. 이것은 국가 안에서는 정부가, 세계적인 차원에서는 국제기구가 해야 할 역할이다. 이 두 가지 과정은 함께 이루어져야 하며, 절대로 자연적으로 이루어지지 않는다.

이러한 일들은 다극화된 세계가 출현하면서 쉽지 않아졌다. BRICs 국가(브라질, 러시아, 인도, 중국)와 다른 국가들의 등장과 미디어의 증가는 문화적, 정치적 갈등의 위험 아래에서, 세계의 모든 정보와 문화, 관점의 다원주의를 확립하게 한다. 뉴욕, 시드니, 베이징, 브라질리아, 모스크바, 혹은 델리에서는 세상을 똑같은 방식으로 생각하거나 보지 않는다. 관점의 다양성, 즉 세상의 정보와 문화에 더욱 주의를 기울여야 한다. 1990년대 공산주의의 몰락과 다극화된 세계의 출현 이후로 특히 그러하다. 서로를 이해하고, 존중하고, 공존하는 법을 배워야 한다. 이 것은 인류가 넘어야 할 커다란 도전이다.

　장치와 기술 체계들은 다원주의에 대한 어떠한 보장도 없이 세계적이 된다. 이러한 모순은 지구촌이 다양성의 세계가 되리라는 믿음을 선험적으로 약화시킨다. 지구촌은 문화와 정보, 통신 산업에 의해 완전히 규격화된 세상이 될 수도 있다. 요컨대 이미 30여 년 전부터 자유무역주의라는 경제 세계화의 여파로 이러한 일들이 일어났다. 지금까지 경제적 세계화는 경제 모델의 다양화보다는 현재의 지배적 경제 모델을 강화시키는 쪽으로 작용했다. 아마도 현재의 경제 위기와 생태학이라는 이중의 압력은 다원주의로의 움직임을 더욱 용이하게 만들 것이다.

　내가 강조하고자 하는 것은 소통 이론의 한복판에 있는 공존의 모델이 더 넓은 차원의 다른 문제 제기 속에서 재발견된다는 것이다. 이것은 불평등도 갈등도 막지 못한다. 물론 공존주의적 모델은 모든 것이 완벽해질 것이라고 믿는 순진한 완벽주의는 아니다. 하지만 모든 차원에서 위계화된 통일체와 세상의 비전과 이익의 단순 병렬 사이에서, 또 다른 것을 창출해 내려고 시도하고 있다.

공존하기는 소통이나 정치적 구조의 모델, 지구적 차원, 지속 가능한 발전, 정보 통신과 문화 산업 등 모든 영역에서 항상 관점의 다양성을 존중하는 것이다. 공존의 모델은 정보와 소통의 관계를 넘어서, 현대사회들의 내적 조직화와 국가 안에서의 공존이라는 주요한 규범적 쟁점과 연계된다. 예를 들어 각 대륙에 걸쳐 있는 커다란 언어 영역(영어, 스페인어, 포르투갈어, 아랍어, 러시아어)을 보호하는 것처럼 프랑코포니는 세계 차원에서 필수적인 언어적 다양성을 보존하는 데 기여한다. 그러나 우리는 세계적 소통의 한 축으로 '나쁜' 영어의 지배라는 현실에 직면해 있다. 이는 다원주의적 언어 모델과 반대된다. 언어적 다양성은 공존을 조직화하는 데 따르는 어려움과 필요성을 보여주는 분명한 사례이다. 모든 언어는 처음에는 지배의 도구였으나, 시간이 흐름에 따라 문화 정체성과 소통의 한 축이 되고, 따라서 세계화 차원에서 공존을 조직화하길 원한다면 언어 다양성을 보존하는 것이 필수적이다. 이것이 언어의 다원주의를 보호해야 하는 이유이다.

예를 하나 들자. 외국어 서점의 수도라 할 수 있는 파리에서는 이들 서점의 수가 급속도로 줄고 있다. 2000년에 30여 개의 서점이 있었으나 2007년에는 20여 개에 불과하다. 사라진 서점들은 세계화의 과정 이전에 설립되었다. 한편으로 세계화가 진행되고, 또 다른 편에서는 문화적 축소 현상이 일어나는 이 아이러니를 어떻게 받아들여야 할까? 1900년 세계 박람회를 계기로, 파리의 지하철 안내문은 35개 언어로 쓰여 있었다.

유럽연합은 규범적 지평으로서 공존 모델의 두 번째 커다란 실례다. 세계에서 가장 거대한 민주적, 평화적 실험장이라는 심오한 지성은 어디에서 나오는가? 그것은 오늘날 6개국에서 27개국으로 확장된 능력에 있다. 미래에는 유럽 내 모든 국가의 정체성이 보존되는 것을 목적으로 하며, 동시에 한 걸음씩 더 넓은 경제적 틀을 건설하고 종국에는 정치적 틀을 건설할 것이다. 정치적 공존의 세계에서 가장 큰 실험실인 유럽은 매번 정체성과 공통된 틀을 결합시켜야 하는 공존의 이론적 모델의 중요성을 잘 보여 준다. 이 점에서 (진실된 것이라는 가정하에) 터키의 유럽연합 가입에 대한 토론은 유럽연합의 생명성과 유럽인들의 야심 찬 목표를 가장 선명하게 보여 준다.

다른 사례는 정보의 세계화이다. 여기서 우리는 기술의 폭발적 발전이 사람들 사이의 상호 이해를 촉진시키는 데 충분하지 않다는 것을 보았다. 그러나 30년 전에는 많은 이들이 그 반대로, 즉 기술의 발달이 상호 이해를 도울 것이라고 생각했다. 세계의 비전을 단일화시킴과 동시에 서양의 관점에 가치 부여를 하는 1980년 CNN의 개국은 그 한 예이다. 하지만 지금 우리는 그 결과를 잘 알고 있다. 실제로 CNN은 단일체적 모델과 '서양주의'의 복사판인 거만한 보편주의에 묶여 있다.

아랍 세계의 알자지라 방송 같은 서구 세계 외부의 정보 채널 증가는 진정한 다원주의의 확산을 촉진한다. 아시아나 라틴 아메리카 도처에서도 이러한 정보 채널이 생기기를 기다리면서, 우리는 단일체적 모델에서 공존주의적 모델로 옮겨 간다.

마지막 예는 인권이다. 이전에는 보편주의적 개념이었지만 대개는 그것을 만들어 냈던 서양의 기준에 한정된 것이다. 오늘날 우리는 새로운 균형 혹은 보편주의의 추구를 재고하고, 문화 다양성의 척도를 보장해야 한다. 개인뿐 아니라 국가 사이에서도 관계 모델의 구조적 변화에서 다음과 같은 모순을 찾을 수 있다. 그것은 필수적이고 진보적인 정체성의 확립과 우리가 빗어닐 수 없는 공통 세상 틀에서 공존해야 할 필요성이다. 바로 이것이 지중해와 근동 지역에서 벌어지는 일이며, 과거 쟁점의 연장선인 동시에 다극화된 세계에서의 공존이라는 미래 목표의 한 예이다. 결국 소통의 공존주의적 모델은 더욱 일반적이며, 개방된 세계에서 소통의 중요성을 상징한다.

아마도 모든 형태의 음악은 이러한 공존주의적 모델의 출현을 초월하고 있다. 음악은 아마도 실제적이고 유일한 세계 언어이다. 반세기 이래, 젊은이들은 세상의 다른 종류의 음악에 대해 똑같은 반응을 보인 유일한 존재들이었다. 음악은 타자에 대한 열림의 중개자이자 관용의 효율적 매개체가 된다. 서로를 이해하지 못하는 인간들이 단지 음악을 통해 서로를 이해하는 것은 바로 이 때문이다. 이러한 이유에서 음악이 세상의 연대와 개방을 가능하게 만드는 역할을 해 왔다는 것은 아무리 강조해도 지나치지 않다. 공존과 동시에 통합의 요소로서의 음악, 즉 그 리듬과 소리는 사람들 사이의 친화를 도모하는 다른 수단, 즉 단어와 이미지, 텍스트보다 더 적합하다.

불가피한 공존을 꿈꾸다
─정보와 지식

정보의 혁명은 두 가지 장애물에 부딪히고 있다. 그 첫 번째는 우리가 앞에서도 보았듯이 소통에 관한 것인데 다시 말해 타자와의 관계와 비소통이다. 두 번째도 간단한 것은 아닌데, 그것은 지식에 관한 것이다. 정보의 풍부함은 그것들을 이해하는 데 필요한 또 다른 지식의 필요성을 만들어 낸다. 이것이 바로 이 장에서 다루고자 하는 내용이다. 그 중심에는 학자만 있는 것이 아니라 기자들도 있다. 기자들 없이 언론─정보를 생산하거나 정당화하는 것은 불가능하다.

위태로운 승리, 기자

두 세기에 걸친 정보의 승리는 기자들 없이 불가능했다. 그들의 존재는 모든 나라에서 정보의 자유에 대한 상징이자 보장이었다. 가까운 미래에 정보-통신 기술의 발전에 힘입어 각 개인 스스로가 기자가 될 수 있다고 생각한다면, 그것처럼 순진하고 위험한 발상도 없다. 그것도 기자라는 직업이 갖는 의무와 권리, 존재 등을 무효화시키면서 말이다. 기자들은 이 정보 자유의 위태로운 승리를 위한 문지기이자 영웅이다. 사람들은 공짜에 가까운 정보를 접하고, 또 어디서나 정보를 가지고 모든 것을 할 수 있게 되었다. 그러나 그럴수록 정보를 분류하고, 서열화하고, 검증하고, 해석하고, 정당화하고, 추려내고, 비판하기 위한 기자들의 필요성은 증가한다.

오늘날 이용자들이 정보가 스스로 존재한다고 믿는다면, 그것은 정보를 너무나 쉽게 획득할 수 있기 때문이다. 그러나 절대로 잊어서는 안 되는 사실은 그것을 담는 장치가 어떤 것이든 항상 직업적인 기자들에 의해 검증되고 구성된다는 것이다. 정보에 의미를 부여하는 것은 장치도 수신자도 아닌 바로 기자들이다. 기자들의 이러한 정당성 속에는 많은 사람이 '직접 민주주의'라는 구실로 줄이거나 아예 없애 버리기를 원하는 중간 단계 작업이라는 핵심적인 역할이 존재한다. 정치가나 대학교수들과 마찬가지로 기자도 항상 옳은 것은 아니다. 그러나 기자의 서명에 의해 정보는 정당성을 확보한다.

필자가 『또 다른 세계화』와 『소통을 살려 내야 한다』에서 말했듯이 민주주의는 중간 단계의 주체와 직무를 제거하는 것이 아니라, 그들의 비판 능력과 역할을 인정하는 것이다. 중간 단계와 반권력은 바로 기자들의 역할이다.

제4의 권력, 즉 미디어 언론의 환상에서 벗어난다는 조건하에서, 우리는 한 세대 이전부터 미디어의 역할과 수의 증가를 지켜보고 있다. 제4의 권력은 반권력이 약화된 것이지 그의 승리는 아니었다. 기자는 시민의 친구도 아니고 권력의 친구도 아니며 판사의 친구도 아니다. 대중의 신뢰를 잃는다는 것은 결과적으로 그들 자신에게 정당성을 부여하는 유일한 실제적 근원인 자유를 잃는 것과 마찬가지이다. 그들은 두 개의 전선에서 싸워야 한다. 정보를 확인하거나 또는 그들 자신이 정보를 직접 창출하려는 수많은 권력과 로비, 그리고 대개의 경우 자신들의 선택에 반하는 정보를 회피하는 수신자들에 대항해 싸워야 한다. 레이몽 아롱(사르트르와 비교되는 프랑스 최고의 우파

석학이자, 저자의 이론적 스승—옮긴이)이 말했듯이, 독자는 언론 자유의 첫 번째 위험 요소이다. 폭발하는 정보와 용이한 접근성 때문에 이제 기자는 교차로 한복판에 서 있다. 한쪽 길은, 지난 시절에는 필요했지만 오늘날에는 모든 개인이 스스로 기자가 됨으로써 쓸모없어진, 과거의 유물로 남는 것이다. 또 다른 길은, 정보가 홍수처럼 쏟아지는 세상에서 그 정보들을 수용하기 쉽게 설명하고 분류할 수 있는 능력, 최대한의 객관성과 정직성을 보유하고, 또한 모든 권력과 적당한 거리를 유지하며 정보의 자유를 지키는 중요한 문지기가 되는 것이다.

물론 기자가 정보에 대한 독점권을 가지고 있는 것은 아니다. 하지만 반대로 정보를 담는 매체가 무엇이건 간에, 언론-정보에 대한 정당성의 독점권은 가지고 있다. 언론-정보와 기자들의 다자주의는 직업적인 여과 장치를 거치지 않은 정보들에 의해 분명하게 위협받고 있는 정보의 자유를 보장해 준다. 그러므로 세계에서 가장 큰 민주주의의 실험실인 유럽연합은 모든 정보 자유에 필수적인 기자라는 직업을 정당화시켜 줄 공통의 직업윤리적, 정치적, 사회적, 문화적 기준을 빠른 시일 내에 확정해야만 한다.

세상에는 다양하고 많은 수의 기자들이 존재하기 때문에 이들을 구별해야 한다. 이를 세 가지 유형의 집단으로 분류해 볼 수 있다. 가장 먼저, 유명 인사가 된 기자들이 있다. 이들은 직업적 능력을 지니는 동시에 정치-기자라는 게토에 갇혀 버릴 위험성을 지니고 있다. 지난 30년 동안에 문화와 지식사회는 사회, 문화적 위계 안에서 그 위세와 자리를 잃어버렸고, 그들의 자리는 모든 사람이 필요로 하는 미디어에 대한 접근을 폭군처럼 조종하는 '엘리트' 기자들에 의해 대체되었다. 두 번째 그룹은 그보다 많은 수의 '중산층' 기자들인데, 이들은 온건하고, 직업적 의무감이 강하며, 환상을 갖지 않고, 또한 능력이 있다. 이들 대다수의 기자들은 그러나 별다른 유명세를 갖고 있지 않으며, 첫 번째 부류에 속하는 기자들의 절대 권력과 방식에 대한 대중의 비난을 함께 감수한다. 마지막 부류인 그 아래쪽에 있는 기자들은 '화물창고 책임자'와 같다. 이들은 대부분 젊은 기자들인데, 힘든 기자들 세계에서 성공하기 위해 무엇이든 할 준비가 되어 있다. 특히 다른 영역에서는 금지되어 있지만 이곳에서는 용인된 인터넷을 통한 저널리즘이라는 통탄할 만한 근무 조건을 받아들인다. 기술 이데올로기와 새로운 직업적 관행 사이의 경계가 여기서는 지켜지고 있다. 이 마지막 부류가 인터넷을 통해 기자라는 직무를 새롭게 만들 수 있을 것이라고 확신한다. 그러나 이들은 이전 세대들도 다른 기술의 발전에 현혹되어, 그들 역시 직무를 혁명적으로 바꿀 수 있으리라고 믿었다는 사실을 너무나 자주 잊고 있다.

저널리즘에 가치를 부여하는 것은 정보의 바다 속에서 길을 잃어버린 오늘날 더욱 절실해진 문서 보관소의 담당자와 기록 영화 제작자들에게도 가치를 부여하는 행위이다. 이들은 개개인 모두가 스스로 모든 것을 할 수 있다고 믿는 '직접' 이데올로기(기자가 아닌 일반 대중이 휴대전화나 컴퓨터 등으로 사건이나 정보를 직접적으로 취재, 생산, 배포하는 행위—옮긴이)가 부유하는 현시점에서 부당하게 가치가 폄하된 직업들이다.

사실, 정보의 권리에 대한 기반을 다시 쌓아야 한다. 이를 위해서는 기술의 발전이 점점 더 다양해진다는 사실과, 신문과 잡지, 라디오와 TV, 인터넷의 일이 똑같은 직업이라는 사실을 혼동하지 말아야 한다. 이 직업의 정당성이 대중의 신뢰에 달려 있다는 것을 상기하자. 대중의 의견과 시민의 표현 권리가 중요해지고, 미디어에 의해 행해지는 너무 많은 설문 조사와 논평들은 기자들이 행동할 여지를 제한한다는 것을 알아야만 한다. 미디어들은 '대중이 생각하고 원하는 것'을 알아내기 위하여 더욱더 대중적인 수단을 사용하는데, 이러한 과정이 쉽게 압력 체계로 변한다는 사실은 무시된다. 정보는 대중의 의견과는 다르다. 이 둘의 결합을 원하는 것은 이미 어려움에 처한 기자들이 행동할 여지를 필연적으로 제한한다. 새로운 기술과 연결된 새로운 저널리즘에 대한 환상도 마찬가지이다. 또, 기술과 수신자가 기자들의 작업을 규정한다고 생각하는 것도 마찬가지다. 현장조사를 한다면서도 절대로 '멀티미디어 편집실' 밖으로 나가지 않는 '컴퓨터 언론인'은 현실과의 관계를 잃어버린다. 이 저널리즘은 화면이라는 중간 단계를 통해서만 대중에게 제시된다. 또 다른 모순은 더 적은 수의 언론인들이라는 조건하에서만 정보의 혁명을 논하고 있다는 것이다. 마치 의학의 발전에 의사는 더 이상 필요 없다고 말하는 것과 같다.

이쯤에서 적어도 5가지의 성찰을 제기할 수 있다. 먼저 '인터넷의 자유로운 정보'에만 빠져드는 것을 제한해야 한다. 모든 것을 제자리에 돌려놓아야 한다. 기자들이 기술과 내용을 혼동하며 '인터넷 혁명'의 한가운데에 빠져들었다 할지라도, 정보의 자유는 인터넷과 함께 시작되지 않는다. 이러한 사상과 함께 우리는 '멀티미디어' 기자들의 손쉬운 해결 방법, 즉 경제적 합리성이라는 이유로 한 매체에서 다른 매체로 무분별하게 이동하는 것에 맞서야 한다. 다자주의와 양립할 수 없는 정보와 소통 산업의 집중을 해소하려는 핵심적인 노력과 함께, 정치적 압력, 그리고 특히 경제적 압력에 저항하는 법을 배워야 한다. 수많은 의혹의 원인인 '정-언 유착'을 피하고, 다른 권력들과 적당한 거리를 유지하기 위한 새로운 영역을 설정해야 한다. 정보 영역의 확장에 따라 정비례하는 루머와 점증하는 가짜 정보의 역할에 대한 성찰의 장을 열어야 하며, 공적 삶의 필연적인 인격화가 연예인화의 동일어가 되는 것도 피해야 한다.

'연예인화된 사람'들이 TV 방송무대를 점령하여 모든 것에 그들의 의견을 개진하고, 다른 이들의 준거 기준이 되는 것을 막아야 한다. 이는 사람들의 정신을 흐리게 하고, 모두의 자리를 독차지할 뿐이다. 조금 과장하면 요즘 수신자들은 소르본 대학교의 교수보다 유명 연예인의 말을 더 믿는다. 하지만 세상엔 유명 연예인과는 다른 가치의 위계질서가 존재한다. 민주화는 '연예인화'의 동의어가 아니지만, 한 사회 안에서의 가치와 문화의 공존과는 동의어이다. 몇몇 정치 지도자들과 '연예인화된 유명 인사'들이 미디어를 과잉 독점하는 것으로 결말이 나는, 소위 대중의 요구에 저항해야 한다. 세계에 대한 우리의 관계를 구성하는 지역과 국가, 세계라는 세 가지 차원의 정보에 대한 시민들의 손쉬운 접근이 계속 가능해야 한다. 세 가지 차원 중 어느 하나에 대한 가치 폄하도 심각한 불균형을 초래할 수 있다. 민주주의, 표현의 권리, 참여라는 미명 아래 모든 방송 프로그램에 출현하고, 모든 것에 의견을 내며, 기자들에게는 그 수준이 의심스러운 일종의 반권력이 된 청취자-수신자-인터넷 이용자의 압력을 줄여야 한다. 대중이 의견을 표출하고, 논평하고, 비평하는 것은 필수적이다. 하지만 기자들과 동등한 위치를 점하고, 나아가 기자들의 작업을 판단하는 것은 완전히 다른 문제이며, 민중 선동에 다름 아니다. 기자들은 이제 그들 작업의 재판관이 돼 버린 대중이 거의 피학적으로 의지하는 특종과 연예인화, 그리고 사건주의에 의해 위협받는다. 그들은 '멀티미디어 편집실' 같은 폐쇄된 장소에서 이뤄지는 너무 빠른 작업의 문제점을 보완하지 못한다. 또한 시민들이 어디까지 그렇게 많은 정보를 흡수할 수 있는지에 대한 성찰도 필요하다. 세계에 대한 정보와 개인과 직접 관련된 정보를 어떠한 비율로 제공해야 할까? 어떻게 하면 '정보에 관해서는 거인이며, 행동에서는 난쟁이'가 되어 버린 괴리감을 줄일 수 있을까?

지식 없는 정보의 불가능성

우리가 어떻게 말하든 학술과 연구, 지식의 세계는 지난 30년
간 정보와 미디어, 사건, 저널리즘의 세상에 의해 압도되었다.
정보는 지식을 죽이지는 않았지만 지식을 주변으로 내몰았다.
물론 학술 사회도 이 주변화에 일정 부분 책임이 있다. 대중문
화의 민주화 이후 새로운 기술의 지배와 정보를 지배하는 집단
의 출현은 몇몇 동종 분야를 제외한 모든 문화와 지식의 세계
를 주변부화하는 데 협력한다. 정보는 속도와 단순화, 경쟁, 시
간과 사물의 훼손을 통해 문화와 지식을 집어삼켰다. 마치 세
상이 자기 자신에 대한 정보의 개방을 우려하여 새로운 것의
급부상에 지각 능력을 상실한 것처럼 말이다. 그러나 정보가
많아질수록 그것을 설명하고 맥락을 짓기 위해 더 많은 지식
을 필요로 한다. 그렇지 않다면 오직 사건들에 의해 지배되는
통일성 없는 세상이 만들어질 것이다. 물론 지식이 정보에 대
해서 항상 옳은 것은 아니다. 왜냐하면 사건-정보의 힘이 바로
지식을 혼란에 빠뜨리기 때문이다. 그런데도 지식과 정보, 이
둘 모두는 필수 불가결한 존재이다. 기자와 학자들은 정보와
지식과 더불어 공존의 이론을 완벽하게 형상화한다. 그들은 공

존의 세계에서 가장 중요한 인물들이다. 이러한 공존은 이 두 분야의 희생을 바탕으로 이루어질 수 있다. 학자들은 더 이상 정보의 혁명을 거부하고 귀족적인 상아탑에 안주할 수 없으며, 기자들은 더 이상 지식과 문화의 토대를 무시한 채 오로지 사건만을 뒤쫓는 루이스 캐럴의 토끼처럼 기진맥진해 있을 수 없다. 이 둘은 각자의 정당성을 보존함과 동시에 수신자인 당신과 나를 위해 협력하고, 공존해야 하며, 세상에 대한 정보와 지식 관계의 상호 보완성과 논리의 차이점을 이해해야 한다. 타자성을 관리하는 것은 공존을 조직하는 것과 같다.

■ 정보의 혁명도 지식을 도외시할 수 없다. 정보를 해석할 지식을 갖고 있지 않다면 그 많은 정보에 접근하는 것이 무슨 소용이 있겠는가? 게다가 이 두 세계가 서로 멀리 떨어져 있다면 어떻게 지식에 대한 정보의 영향과 그 반대 상황을 이해할 수 있을까? 속도와 직접성의 이데올로기는 문화와 역사, 사회의 두께에 부딪힌다. 문제는 정보의 양이 아니라 그것을 다루는 지식이다. 정보의 세 번째 범주인 지식-정보는 이 두 영역의 새로운 균형을 위해 필수적인 요소다. 더욱이 학자들은 정보의 세계가 더 이상 간과할 수 없는 첫 번째 중간 단계이다. 따라서

정보와 소통뿐만 아니라 똑같은 중요성을 가진 지식이 필요하다. 사건의 인과관계를 이해할 수 있는 심오함 없이, 발생한 사건들만 나열하는 '사건적 지식'의 문제점을 보완하기 위해서는, 연관된 지식들과 협의하고 박학한 지식과 문화를 다시 복귀시켜야 한다. 접속할 수 있는 지식의 양을 생각해 볼 때 인터넷은 일반적으로 10년 이상의 심오함을 가지고 있지 않다.

■ 기자와 학자가 비록 현실과 지식, 그리고 정보에 대해 동일한 관계를 가지고 있지 않다고 하더라도 실제로는 거의 사촌 지간이다. 그들은 거의 조화를 이루고 있지만 또한 불안정하다. 게다가 그들을 분리시키는 모든 차이점에도 불구하고 이 두 직업은 발전 없이 쳇바퀴 돌 듯 반복되는 일을 방지하며, 또한 다른 직업에 비해 좀 덜 관습적이다. '직접' 이데올로기와 '정보 과잉'은 기자와 학자가 시간에 대해 동일한 관계를 갖고 있지 않은데도 이 두 직업을 위협한다. 이들은 세상에 대한 다양한 시각과 공존의 실례일 뿐 아니라, 각자가 서로의 중간 단계가 되는 사례이다.

다른 공통점들이 이 둘을 가깝게 한다. 세상의 단절을 반영하는 새로운 정보는 지성의 질서 안에서의 단절인 지식-정보와 관계가 없는 것이 아니다. 결국 두 직업 모두 정치적, 경제적 권력으로부터 거리 두기를 지속해야 한다. 정보와 지식에 종사하는 이들 직업 세계 사이의 관계는 공적 공간 안에서 증대하는 과학과 기술의 위치에 관한 토론과 논쟁, 논박들에 의해 강화될 것이다. 또한 두 쪽 모두에게 압력이 증가될 것이다. 왜냐하면 세계화와 그에 따른 위험들이 정보의 '규제'를 요구하기 때문이다. 과학과 기술은 갈수록 정치 논쟁과 사회의 중심부에 자리 잡는다. 이러한 압력에 직면해서 이 두 직업 사회는 유사한 관점을 공유하는 수신자를 위해, 각자가 자신들의 정당성 영역 안에 머문다는 조건하에서 세계에 대한 그들의 관계를 재정의하고, 협력하기를 배워야 한다.

비교인식론과 논쟁들, 그리고 지식산업으로 구성된 지식의 삼각형은 오늘날 50년 전보다 훨씬 더 공적 영역의 기능과 소통의 제약 사이의 중심에 위치한다. 전통적으로 지식 사회는 세상에 대해 거리 두기를 선호해 왔으나, 오늘날 이 둘 사이의 교류는 더 많아져야 한다. 모든 차이점을 떠나 정보와 창조, 지식 사회의 한 부분은 현재 '불안정한 창조 계층'이라고 일컬어지는 환경에 처해 있다. 이 말은 세상을 이해하고 변화시키려고 노력하지만, 사회의 공식 기관에는 속해 있지 않는 모든 사람들을 말한다. 지식과 창조성은 정보처럼 점점 더 중요해지는 사회적, 문화적 역할을 하며, 몇몇 특정한 이동성과 개방에 공헌한다. 그러나 다분히 형식적이고, 구조화된 채 경직되어 있는 사회에서 항상 그 자리를 찾을 수 있는 것은 아니다.

■ 여하튼 정보와 지식만으로는 충분하지 않다. 문화적, 이데올로기적인 틀을 더 중요하게 취급해야 한다. 불협화음과 갈등을 피하기 위해서 정보 교환과 지식의 세계화는 각자가 다른 문화에 주의를 기울이게 만들어야 한다. 이것이 문화적 다양성의 가장 큰 목적, 즉 정체성과 타자성 사이의 관계인 문화적 공존의 조직화이다. 돌아다니는 메시지가 많으면 많을수록 상반된 세계관도 더 많아진다는 것을 이해하기 위해서는 정보의 세계화에 연계된 많은 몰이해를 보는 것으로 충분하다.

과학과 지식에 대해서도 마찬가지다. 힘의 관계와 경쟁, 세계관의 다양성은 '과학과 지식의 국제사회'라고 친절히 불리는 것을 넘어 더욱 잘 드러날 것이다. 이제까지는 한 번도 존재하지 않았지만, 과학과 지식의 단일한 세계에서 공존을 만들어야 하는 다자적 세계로 넘어가는 것도 필요하다. 예를 들면 과학은 보편주의와 서양주의 사이에서 발생한 어려운 논쟁에 의한 영향을 정보보다는 덜 받았다. 새로운 힘의 출현이라는 결과를 가져오는 세계에 대한 다양한 관점과 점증하는 힘의 역학관계를 통해서만 그렇게 될 것이다. 이것은 인문사회과학뿐만 아니라 환경과 소통, 우주, 기계공학 등등의 문제이기도 하다. 필연적으로 사회와 경제가 가까워지면 과학은 사회적, 정치적 논쟁과 가까워진다. 다시 말해 소통과 문화적 다양성의 이해 없이 과학은 없다. 이것은 의미심장한 단절이며, 또한 서양의 과학이 더 이상 혼자가 아니라는 점을 의미한다. 언제나 다른 개념들이 형성될 것이며, 서양인은 더 이상 과학의 지배적인 행위자가 되지 못할 것이다.

■ 정보를 얻고 소통하기 위해 메시지의 순환을 더욱 용이하게 만드는 기술을 이용한다고 해도 정보와 지식, 문화, 이데올로기 사이의 관계는 점점 더 복잡해진다. 그러나 동일한 도구는 동일한 내용을 의미하지 않으며, 세계에 대한 동일한 관계에서 특히 그렇다. 공존을 위한 복수적인 기준 체계가 필요하다. 그것은 바로 정보와 지식, 이데올로기적이고 문화적인 틀 등이다.

불과 한 세대도 지나기 전에, 정보의 세계는 이 문제의 중요성을 이해했다. 하지만 국가 단위를 기반으로 조직되고, 우리가 보호해야 할 국제사회의 가치와 결부된 과학자들은 아직 그렇지 못하다. 학술 사회는 오늘날 여전히 불충분한 과학의 대중화라는 전통을 확장시켜야 한다. 또한 공적인 토론과 논쟁에서의 과학과 기술의 위치, 기초과학과 응용과학 사이의 관계, 각 분야의 진정한 전문가를 판별해 내는 방법의 모호함, 유력인사의 고문이 된 과학자들의 지위에 대한 규제 등과 연관된 사회 속에서 교류하는 법을 배워야 한다. 50년 동안 지식 사회는 주변화되었다. 이제 지식 사회는 젊은이들의 흥미를 유발하고, 끌어당길 수 있는 능력을 되찾아야 하며, 결정 과정에서도 자신의 자리를 되찾아야 한다.

30년 전보다 훨씬 높은 교육 수준을 가지고 있는 기자들은 정치와 경제 권력만이 사회의 본질은 아니며, 지식과 문화 그리고 다른 문명에 대한 열린 사고방식도 중요하다는 것을 더 잘 이해하게 되었다.

'더욱 빠르게, 더욱 틀리게.' 이것은 아마도 기자들에게 가장 강력한 위협이 될지 모른다. '직접' 이데올로기는 정보의 개념에 대한 정치적, 문화적 승리의 대칭점인가? 여기에는 너무 빠른 속도와 충분하지 않은 거리가 있으며, 순응주의의 위험, 수신자와 유행에 대한 복종, 공급과 매체의 분절, 이성에 반대하는 감정의 유혹, 거리와 일관성을 무시하는 의사 표현이 있다. 기자들은 그들 스스로에게 연예인화(최근 CNN이나 여타 서구 선진국 방송사 기자들은 자신들 스스로 유명 스타가 되어 있고, 또 유명 스타처럼 행동한다―옮긴이)를 적용시킨다. 왜냐하면 '겸임자'라는 이름으로, 그들의 미디어적 명성과 관련하여 다른 미디어를 침범할 수 있기 때문이다. 모든 매체들에서, 기자들에 의해 독점된 프로그램 목록을 작성할 수도 있다. 마찬가지로 방송 프로그램에 초대된 사람들도 대개는 같은 부류다. 30년 동안, 미디어 수의 폭발적 증가는 결과적으로 그 내용과 참여자의 다양성을 축소하는 것으로 귀착되었다.

한편 대부분의 기자들은, '정보의 자유'로 상징되는, 또한 잘못하면 기자들 자신이 희생자가 될 수 있는 인터넷에 대해서는 기본적인 비평의 거리를 유지하는 데 어려움을 느낀다.

유일하게 정보-서비스만이 이러한 진화의 승자다. 그러나 흥미로운 점은 인터넷의 성공과 미래 수익 시장의 핵심인 이 정보-서비스가 왜 가치 차원의 두 가지 다른 정보들, 즉 뉴스와 지식을 따돌리는지 알아보는 것이다. 어떻게 정보의 사회, 결국 지식의 사회가 거대한 상호 작용적 채널 돌리기밖에 되지 않았는가?

정당성의 충돌

무료로 쉽게 접속할 수 있는 정보와 지식이 넘쳐나는 세상에서 무엇이 문제가 되는가? 바로 논리를 구별하고, 정보와 지식들의 공존을 조직화하며, 모든 것이 섞이는 것을 피하는 것이다. 시민이 정보와 문화, 지식의 기준 지표 없는 과잉 속에서 길을 잃어버리지 않게 차이점을 강조해야 한다. 이는 항상 똑같은 도전이다. 세계는 기술적 관점에서는 지구촌이지만 인간과 문화, 세계관에서는 그렇지 않다. 이것은 항상 우리의 바벨탑이다. 모든 것이 인터넷망 속에서 섞인다 하더라도, 현실에서는 항상 그렇게 되지는 않는다. 끝에서 다른 끝까지 모든 것이 연결관 속에 있을수록 현실에서 그 내용들을 구별해야 하는데, 그것은 어느 누구도 모든 것을 섞거나 흡수하는 것은 불가능하기 때문이다. 우리는 비연속성이 필요하며, 사고하고 행동하기 위해 지식과 공존의 기준 지표가 필요하다.

기술 이데올로기는 정보체계 안에서와 같이 속도와 연속성만을 말한다. 하지만 인간과 사회, 소통은 오히려 비연속성과 공존에 가깝다. 모든 분야에서 정보와 문화, 지식, 소통의 수요와 공급 사이의 이원성을 보장하기 위해 이러한 차이점을 상기해야만 한다. 언뜻 민주적으로 보이지만 실제로는 자신들이 원하는 정보만을 요구, 수용하는 수요의 지배를 피해야 한다. 또 지속성의 문제 제기를 희생하면서 오로지 단속적인 사건의 나열만을 신성시하는 특종 이데올로기를 억제해야 한다. 나아가 설문 조사에 의해 왜곡된 여론의 확대 해석을 경계해야 한다. 과용을 피한다는 전제 조건 아래서의 정치에 대한 설문 조사에는 찬성한다. 왜냐하면 결국은 시민의 투표가 차이를 만들어 내기 때문이다. 그러나 사회, 문화, 종교의 영역에서 시민들의 투표를 통한 제재 없이 설문 조사를 통한 여론의 합리화만 추구하는 설문 조사는 반대의 대상이다. 이는 이해되고 해석하기 쉬운 단순한 사회의 재현만을 강화하는 데 쓰인다.

상호 작용성만 논하는 현재의 이데올로기는 정보와 지식, 행동 간의 구조적 차이를 재확인하는 필요성에 의해 보완되어야 한다. 이것이 『소통을 생각하며』라는 책에서 내가 '정당성의 충돌'이라고 언급한 것이다. 모든 것이 보이고, 상호 작용할수록 기자와 전문가, 기술 관료, 학자, 정치가 사이의 구분이 더 잘 드러나도록 해야 한다. 모든 것이 소통되고 순환하는 세상에서, 세상의 관계를 구조화시키는 세 가지 커다란 논리, 즉 정보와 소통, 행동의 공존을 존중하는 것은 거역할 수 없는 일이다. '정당성의 충돌'은 미래의 우리에게 던져진 거대한 문화이자 정치적인 도전 중의 하나이다. 같은 매체를 이용한다 할지라도 세 가지 논리를 인정하는 데 따르는 결과가 필연적으로 상호 보완적인 것은 아니다.

여러 다양성 중에서 우리가 보존해야 할 첫 번째는 언어의 다양성이다. 이것은 미디어나 정통 학계는 물론이고 정치인에 의해서도 과소평가를 받아 왔다. 필자의 저서 『또 다른 세계화』와 『미래의 프랑코포니』에서 이미 이 문제를 언급한 바 있다. 여기서 내가 상기하고 싶은 것은 만약 우리가 다양성의 문제 중에서 가장 중요한 언어의 다양성을 존중하지 않는다면, 사고방식의 다양성을 인정하는 것을 포함한 모든 문화적 다양성이 존재할 수 없다는 것이다.

특히 그중에서도 모국어가 중요하다. 각 개인이 500개 정도의 영단어를 서투르게 교환하는 것을 두고 '보편적인 언어'를 구사한다고 말한다면, 우리는 아직도 문화적 다양성으로부터 멀리 떨어져 있다. 문제는 영어가 아니라 필수적으로 보존해야만 하는 다른 언어들이다. 다른 언어를 사용하면, 다른 방식으로 생각하고 창조하고 상상할 수 있다. 언어의 다원주의는 다른 모든 다원주의의 근원이다. 언어는 모든 종류의 인간 해방의 전제 조건이다. 우리는 불안정과 게토를 만들어 내는 언어의 불평등을 조심해야 한다. 다원주의는 세계의 합리화가 가져다주는 폐해를 줄일 수 있는 조건이다. 오늘날 우리는 마침내 자연 속에서의 다양성을 존중하게 되었는데, 왜 사람들 사이의 다양성은 존중하지 않는가? 생태학적 다양성이 사회, 문화적 다양성보다 더 중요할까?

언어 다원주의는 그것이 치러야 할 대가에도 불구하고, 문화적 다양성의 첫 번째 조건이다. 지식의 다원주의 차원에서, 대학교수와 연구원, 전문가, 고위 관료들의 역할 사이에서 차이점을 유지하는 것 역시 필수적이다. 왜냐하면 이들 세 부류 사이의 정당성과 준거가 다르기 때문이다. 세 부류 각각은 한 역할에서 다른 역할로 옮겨 갈 수 있다. 하지만 매번 구분되는 방식으로 이루어져야 한다. 즉 대학교수가 고위 관료가 되었다면, 그는 이제부터는 고위 관료에 걸맞은 정당성과 준거에 맞춰 행동해야 한다.

다양성의 두 번째 요소는 기자나 학자는 물론 의사와 변호사 같은 중간 단계의 생업과 직업에 가치를 부여하는 것이다.

이들은 정보와 행위, 지식의 다른 논리 사이의 관계들을 관리하기 때문이다. 지금 현재 우리 사회에서는 모든 것이 모든 것과 연결되어 있고, 상호 작용하고 있다. 결국 사람들은 우리가 모든 것을 할 수 있는 전지한 시민이라는 환상을 갖게 되었다. 하지만 이러한 직업들은 진정한 지식과 능력을 가지고 있으며, 전지한 시민은 단지 환상일 뿐이라고 일깨운다. 따라서 직업이 가진 각기 다른 역할을 상기하는 것은 필수적이며 근본적이다. 정보와 지식에 대한 접속의 수월함은 정보와 문화, 지식 등 각 분야 전문가들의 역할을 무력화시키는 것이 아니다. 그 반대로 그들의 중요한 역할을 드높인다. 이들 중간 단계 직업들은 모든 개인이 '다중 접속된 행위자'가 되는 투명한 세상의 환상을 상대화시키는 데 필수적이다. 이들은 전이라는 지식의 역할을 일깨워 준다. 모든 것이 동등하거나 소통 안에만 있는 것은 아니다. 그들에게는 지식 전이를 정당화하는 특정 능력이 존재한다.

마지막으로 수신자를 인식하는 것이 진보라면, 그것은 소통의 구조 안에서 타자성을 인정하기 때문이다. 이것을 궁극적 준거로 삼지 않는다는 조건하에서는 그렇다. 수신자는 전제적이 될 수도 있다. 타자성과 제국주의 사이의 간극은 좁다. 현실에서 일률적으로 독자이며, 학생, 청취자 그리고 시민인 수신자의 중요성을 고려한다는 이유로, 그들을 의미와 정당성의 최종 보유자로 만드는 것만큼 나쁜 것도 없다. 수신자를 너무 무시하는 압제만큼이나 수신자에게 너무 많은 가치를 부여하는 폭정이 있을 수 있다.

공존이라는 개념의 힘은 정보와 지식 그리고 행위를 위한, 현실의 모든 관계에서 공존의 중요성을 보여 주는 능력으로 구성되어 있다. 이것은 의미의 독점을 막기 위해서다. 준거 논리만큼이나 현실의 분절성에 떨어지지 않는다는 조건 아래서 그러하다. 이것은 모든 것이 연결되고 개방되어 있으며 분명하다는 거짓과, 모든 것은 별개이며 구별되고 떨어져 있다는 거짓, 즉 통합체라는 허위와 유일체라는 허위 사이에 존재하는 면도칼의 양날이다.

어딘가에 진정 나를 사랑하는 사람이 있을까?

　정보와 소통은 인간 해방의 역사에서 분리될 수 없다. 정보의 자유를 통해 세상에 대한 지식과 비판정신이 발전할 수 있었으며, 소통을 통해 개인 사이의 평등과 대화의 정당성이 인정받을 수 있었다. 이 둘은 인간 해방이라는 거대한 문제의 중요 양상이다. 우리는 둘 다를 잃거나 둘 다를 함께 구할 수 있다.

　단지 그들의 관계가 바뀌었을 뿐이다. 19세기와 20세기의 중심 문제는 기술의 환상적인 발전에 의해 용이해진 정보 자유를 건설하는 것이었다. 그리고 적어도 21세기 초반의 중심적 문제는 그와는 성격이 다르다. 그것은 각 개인이 모든 것을 보며, 그들의 정체성을 보전하면서 표현의 자유를 원하는 세상에서, 모순된 관점들 사이의 평화적 공존을 조직화하는 것이다.

소통은 자유롭고 평등한 개인들 사이의 공통된 시각을 공유하는 것이 아니다. 흔히 상반된 세계관 사이의 공존을 조직화하는 것이다. 소통은 무엇인가? 이 문제는 정보의 문제 다음에 온다. 우리가 항상 그들의 의견에 동의하는 것은 아니다. 하지만 행위자도 수신자도 우리들과 동등하기 때문에, 일방적 강요가 아닌 협상을 해야 하는 그들의 지위에 관한 문제이다.

소통은 타자성의 문제가 핵심이 되는 정보의 세상에서 공존하기를 배우는 것이다. 정보의 자유가 쉽게 얻어진 것이 아니라면, 상반된 관점을 평화적으로 조직화하는 것은 더욱 어려운 일이다. 어쨌든 정보와 소통은 인간 사이의 충돌과 평화라는 의미에서 정치적 문제이다. 소통의 문제는 개인의 해방에 관한 문제로 요약된다. 사고할 수 있는 권리, 표현하기, 타자 찾기, 관계 맺기, 새로 시작하기, 사회적 금기 넘기, 진실 만들기 등이며, 또한 실패와 고독, 몰이해를 만나는 것이기도 하다. 기술의 완벽성을 떠나, 우리는 매우 인본주의적이고 정치적인 계획의 중심에 서 있다. 이 기술들이 필수적인 것은 확실하다. 하지만 다음의 모순점, 즉 공동으로 가지고 있는 것을 나누어 갖고, 우리를 분리하는 것을 알아내어 평화적으로 관리하는 문제를 해결하기에는 충분하지 않다. 이 모순점이 타자성의 인정과 정치를 따로 분리할 수 없는 이유이고, 모든 사회의 중심적 문제인 협상과 평화, 전쟁을 잘 보여 주기 때문이다. 현 시점을 풍미하는 기술 이데올로기는 인본주의적 계획 속에서 도구의 가능성들을 통합시키는 데 따르는 어려움의 상징이다. 소통하기 위해 인간에 의해 발명된 기술과 인간들 사이의 실제적인 소통 사이의 연속체를 빨리 정립시키려는 유혹의 부산물도 마찬가지다.

인본적이며 정치적인 비전을 강조하는 소통에 대한 본인의 연구는 다섯 단계의 이론적 도식으로 요약할 수 있다. 개인적이든 집단적이든 소통 없이 삶은 존재할 수 없다. 산다는 것은 소통한다는 것이다. 개인들은 나누거나, 유혹하고, 설득하기 위해 소통한다. 많은 경우, 이 세 가지 모두를 위해 시간과 장소에 따라 달라지는 비율로 소통한다. 그러나 그들은 곧 비소통이라는 장애물을 만난다. 타자 또는 수신자는 거기에 없거나 동의하지 않는다. 소통 당사자들이 자리 잡고 있는 비소통을 관리하기로 합의하면, 상반된 관점 사이의 협상 과정이 시작되는 것이다. 거의 언제나 존재하는 이 협상이 성공하면 우리는 공존을 이룰 수 있다.

따라서 소통은 절대로 자연적으로 실행되는 것이 아니며, 위태로운 협상 과정의 결과이다. 이것이 단지 정보를 알려 주는 것만으로는 소통하기 충분하지 않은 이유이다. 삶과 역사의 예외적인 경우를 제외하면, 소통한다는 것은 대부분 공존한다는 것을 뜻한다. 그 누구도 자신이 믿고 생각하는 것을 포기하지 않는 개방된 세상을 고려하면, 이것도 그렇게 나쁘지는 않다.

좋은 정보와 나쁜 소통을 구별하려는 시도만큼 나쁜 것도 없다. 기자를 포함한 우리 각자가 정보를 생산하고 배포할 때는 어느 누구와도 소통하고, 나누고, 유혹하거나 설득할, 때론 동시에 세 가지 모두를 할 의향이 없기 때문이다.

소통의 이론을 성찰한다는 것은 먼저 소통의 문제를 기술로부터 분리하는 것이며, 역사와 정치, 문화를 분리된 기술의 자리에 투입하는 것이다. 우리는 기술 체계 뒤에 가려진 사회성의 가치를 되찾아야 한다.

이러한 변화를 특징짓는 두 가지 이미지가 있다. 1970년대에 매클루언(캐나다의 커뮤니케이션 이론가이자 문화 비평가—옮긴이)은 승리하는 기술의 상징으로서 지구촌 개념을 언급했다. 2001년 9월 11일 이후 지구촌은 그 중요성을 상실했으며, 개방된 세계의 폭력과 문화적 공존의 조직화 의무가 더 중요해졌다. 소통의 핵심에 놓여 있는 실패와 몰이해는, 폭력도 수많은 비소통의 구멍들도 막을 수 없는 더 좋은 성능을 자랑하는 기술을 발명하려는 인간들의 열망을 설명해 준다.

모든 경우에서 우리는 기술로부터 벗어나고 현실을 되찾아야 한다. 실제의 경험을 되찾기 위해서 화면 속의 가상현실에서 탈출해야 한다. 한편, 경험은 타자성의 문제에 관심을 갖게 해 주는 소통의 첫 번째 조건이다. 정보는 소통을 이루는 데 불충분하다. 뿐만 아니라 타자성의 첫 번째 형상인 수신자가 많을수록 비소통의 위험을 줄이는 경험을 더욱더 필요로 한다.

비소통은 위계화된 모델에서는 존재하지 않는다. 왜냐하면 위계화된 사회의 소통은 토론의 가능성 없이, 위에서 아래로 한 방향으로만 내려가기 때문이다. 한마디로 말해서 명령이다. 소통은 동등한 사람들 사이에서만 존재할 수 있는데 그 반대의 경우 복종과 권위만 있을 뿐이다. 바로 이 점 때문에 비소통을 인정한다는 것은 민주적 문화의 존재를 인정하는 것과 연결된다. 비소통은 평등한 인간적, 사회적 관계의 수용을 가정한다. 따라서 비소통의 뒤편에서 우리 모두가 경험하는 타자성의 근본적 실재가 부상한다. 이러한 이유 때문에 기술적 발달은 모호하다고 할 수 있다. 기술적 발달은 메시지의 생산과 전달, 상호 작용과 유포를 가속화하면서 무의식적으로 이러한 비소통의 현실을 감춘다. 비소통을 벗어나기 위해서는 기자, 대학 교수 등 모든 중간 단계 직업에 가치를 부여해야 한다. 그들은 자격과 능력을 상징하는데, 왜냐하면 모든 사람이 모든 주제에 대해서 동등한 것은 아니기 때문이다. 사실 지식 또한 사회계층의 문제이고 상속적인 전이이기 때문이다. 이 직업들은 서로 잘 모르는 문화 영역 사이의 협상을 용이하게 함으로서 최소한의 상호 이해를 보장한다.

모든 경우, 세계화와 함께 비소통의 범위는 확장되며, 타자성의 현실보다 더 큰 범주인 문화적 다양성을 자신의 범위 안에 첫 번째로 놓는다. 정보와 메시지가 많으면 많을수록, 문화적 다양성은 문화적 공존을 이루어야 하는 필요성과 함께 더욱 자신의 목소리를 높일 것이다. 다양성은 실재이고 공존의 정치적 실천목표이다. 연결망은 세계적이지만, 메시지는 가끔 그렇고, 수신자는 절대로 세계적이지 않다. 우리가 소통을 연구할 때 반드시 명심해야 하는 것은, 비록 수요의 논리에 의한 것보다 항상 덜 만족스럽다 할지라도, 수신자들의 이질성을 인정하는 창조와 연관된 공급 논리의 중요성이다. 50년간의 변화는 공급의 모델에서 수요의 모델로 넘어가는 방향으로 이루어졌다. 수요의 모델은 분절화된 사회의 현실과 더 가깝지만, 기술의 역할이 모호하다는 반대급부를 가지고 있다. 기술의 진보와 요구를 충족시킨다는 명분으로 포장된 수요의 논리는 폐쇄적 공동체주의의 출현을 용이하게 하며, 소통의 목적이 수요와 공급 사이의 어긋남을 바로잡기 위해 존재한다는 사실을 잊어버리게 한다.

이런 연유로 소통의 모든 이론은 함축적이든 설명적이든 사회에 대한 이론을 포함하고 있다. 나의 소통 이론은 비소통을 소통의 지향점으로 두며, 당사자 간의 평등을 인정하는 방법으로 공존에 가치를 부여하며, 또한 관용의 개념을 더 돋보이게 한다. 공존을 말하는 것은 관용의 우월성을 가정하는 것이고, 그 관용은 타자성을 경험한 결과이다. 공존의 실천 목표는 몇 가지 조건을 가정하는데, 그것은 타자성의 구체적 경험, 타자를 향한 관용, 분절을 피하기 위한 수단으로서의 보편적 준거이다. 공존은 서로를 존중하는 것이다. 관용하기는 공존보다 더 멀리 나아가는 것이다. 보편적인 준거를 가정한 더욱 일반적인 관점에서 서로 다른 사람들에게 관심을 가지는 일이기도 하다. 20세기가 정보와 소통의 시대였다면 21세기는 더욱 많은 공존과 관용의 시대가 될 것이다. 특히 비소통의 효과가 더욱 잘 드러날 때 그렇게 될 것이다.

이 책에서 주장하는 소통 이론은 비소통이라는 사실의 인정을 넘어 공존을 추구하며, 경험과 관용으로 당신을 초대한다. 정보를 주는 것이 소통하는 것은 아니다. 소통은 전달하는 것이 아니라 공존하는 것이다. 소통은 사람들 사이에 뛰어넘을 수 없는 타자성을 인정하면서, 더 많은 관용을 호소한다. 21세기는 관용의 시대가 될 것인가? 21세기가 타자성을 바탕에 둔 비소통에 의해 만들어진다면, 관용은 낙관적인 비전이다. 이 비전은 헌팅턴의 『문명의 충돌』에서 나타난 주제의 비관적인 비전을 비웃는다. 관용 또는 문명의 충돌, 바로 이것이 우리가 맞서야 할 도전이다. 결국 역사 속의 다른 문명들도 이 선택의 문제에 이미 직면했다.

우리는 이 쟁점이 잘 드러나도록 비교를 해 볼 수 있다. 지난 50년 동안 인간은 한 세기 넘게 뻔뻔스러운 착취를 한 이후에야 자연을 존중해야 한다는 교훈을 어렵사리 배웠다. 인간들은 지금 그들 사이에 평화적으로 공존하는 법을 배워야 하는 더욱 복합적인 도전에 직면해 있다. 그 과정은 자연과의 공존보다 더 어려운 문제다. 그것은 인간들이 직접적으로 너무 같으면서도 동시에 너무 다른 서로를 대면하면서 재회하기 때문이다. 또한 악마성과 이상을 간직한 자기 자신과 홀로 대면하기 때문이기도 하다.

　이것이 정보와 소통이 21세기 초반의 가장 큰 문제들 중 하나인 이유이다. 바로 충돌과 평화의 문제.

소통은 공존이다

McLuhan ne répond plus

Communiquer, c'est cohabiter

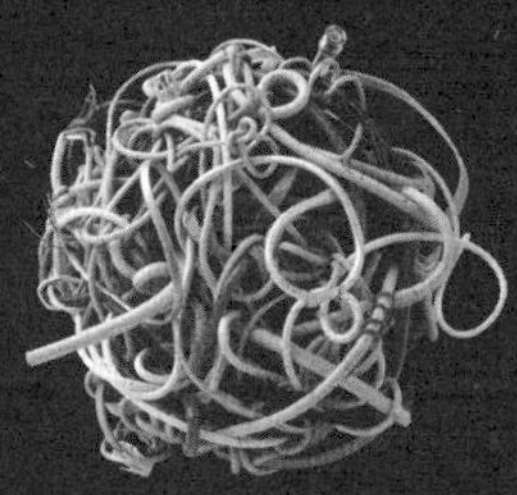

개인적이든 집단적이든 소통 없이 삶은 존재할 수 없다. 한마디로 말해 산다는 것은 소통하는 것이다. 우리는 나누거나, 유혹하거나, 설득하기 위해 소통한다. 그러나 우리는 곧 타자를 통해 비소통이라는 장애물을 만난다. 이 난관을 극복할 때 우리는 공존을 이룰 수 있다.

원용욱·김주노 번역

컴퓨터를 이용하지 못할 때, 혹은 이틀 동안 휴대전화를 사용할 수 없을 때 우리의 심리상태를 관찰해 보자. 컴퓨터와 전화가 없는 생활은 상상할 수 없으며, 우리들 중 대부분은 전자기기가 없으면 안절부절못한다. 이러한 중독은 컴퓨터와 전화를 둘러싼 여러 가지 토론보다 많은 것을 보여 준다. 불과 30년 전 우리는 이러한 도구들 없이 어떻게 살았을까? 또한 이러한 도구를 가지고 있지 않은 30억 명 이상의 사람들은 어떻게 살고 있을까? 지구 어딘가에서 10억 명이 굶주리고 있을 때 휴대전화로 여러 사람과 동시에 대화를 하는 것이 무슨 가치가 있을까?

매클루언은 더 이상 대답하지 않는다

■ 언론인 스테판 파올리, 사회학자 장 비야르와의 특별 대담

스테판 파올리 − 2009년 1월 20일부터 미국의 대통령은 버락 오바마입니다. 소통이라는 측면에서 이 새로운 유색 정치인의 출현은 볼통 씨에게 무엇을 시사합니까?

도미니크 볼통 − 그건 좀 강하게 말하면 정치의 승리요, 소통의 승리입니다. 사람들은 물론 세계화의 파괴적인 결과를 걱정합니다. 그런데 8년 전부터 후퇴하던 세계에서 가장 큰 민주주의 국가가 갑자기 흑백 혼혈인에게 권력을 줍니다. 그건 세상의 모든 변방, 변방국가 내지는 약소민족의 엄청난 설욕전입니다. 일반화된 염세주의에 대한 설욕이기도 하고요. 그 선거는 새로운 장을 열었습니다. 사람들에게 희망을 심어 주었고, 민주주의란 걸 보여 줬지요. 민주주의 덕분에, 아직도 인종차별주의가 넓게 퍼져 있는 나라에서 버락 오바마란 사람이 대통령으로 뽑혔으니까요. 그게 비록 한 세기가 걸렸어도 말입니다. 물론 세상에 순진한 사람은 아무도 없어요. 그는 선거운동을 하는 데 필요한 재정적인 뒷받침을 갖추고 있었습니다. 하지만 그 사실이 우리 시대의 가장 큰 도전을 퇴색시킬 수는 없습니다. 그는 스스로 힘을 발휘했고 미국인들을 움직이는 데 성공했습니다. 이건 민주주의를 믿지 않는 모든 이들과 흉내만 내는 이들이 생각해 봐야 할 교훈입니다. "그렇다, 우린 할 수 있다(Yes, we can)."라는 구호는 강력하고 또 희망을 만들어 냅니다. 이 구호는 정치가 원하기만 하면 끊임없이 정치적 해결책을 내놓을 수 있다는 사실을 나타냅니다. 종교가 더 이상 사람들을 이끌지 못하고, 계속되는 경제 위기 때문에 빈부격차가 심해지는 비즈니스 세상에서 말이죠. 민주주의는 정기적인 자유선거, 합법적인 반대, 법 규범의 원칙, 다원주의 및 표현과 언론의 자유라는 것을 상기합시다.

장 비야르 – 정말 대단한 것은 인종차별주의의 힘과 조직화된 외국인 혐오증과 별개로 그 선거가 모든 사람들을 만족시키는 데 성공했다는 겁니다. 물론 각 세계마다 그 이유는 매우 다르지만, 아프리카, 아시아, 유럽 등 모든 세계를요. 한 이유는 이것이, 이미 사용하신 단어를 사용한다면, 변방인이기 때문이고, 다른 이유는 양식이기 때문이지요. 하지만 우리가 완전히 똑같은 논리 속에 있지 않더라도, 이것은 우리가 '공통적인 것'을 함께한다는 것을 보여 주는 예이겠죠?

도미니크 볼통 — 우리는 공통의 가치만 함께하는 것이 아니라 해방의 가치도 함께 나눕니다. 이 사건은 인간 본연의 가치가 두 번의 세계대전과 동서양(냉전)의 갈등을 버텨 냈다는 것을 증명하죠. 그 가치들은 민주적인 모델과, 문화와 문명을 거쳤습니다. 그리고 그 다름을 넘어서 공통의 열망이 존재하지요. 인류는 최소한의 보편적인 가치에서 찾을 수 있는 것과 마찬가지로 문화적인 다양성의 존중에서도 존재합니다. 21세기의 도전 가운데 하나는 이 두 가지를 공존하도록 만드는 데 있을 것입니다. 사람들은 남쪽에서나 북쪽에서, 동쪽에서나 서쪽에서 같은 방법으로 생각하지도, 상상하지도, 꿈꾸지도, 만들어 내지도 못합니다. 하지만 모든 것을 넘어서는 보편적인 가치들이 있습니다. 인류의 유일한 규범이지요. 물론 여기에 애매함이 없는 건 아닙니다. 실망하는 사람들도 있을 겁니다. 버락 오바마는 어쨌든 미국의 대통령이고 모든 미국인들의 이익을 변호할 겁니다. 우리는 쉽게 속지 않습니다만 그렇다고 이 희망의 순간을 이용하지 못할 이유는 없습니다. 이러한 순간들이 정말 드물기 때문에, 이 기쁨을 누리지 못한다면 유감일 겁니다.

스테판 파올리 – 제가 놀란 것은 정치에서 발견되는 것과 소통에서 발견되는 것의 구분인데요, 그러니까 미국 사회의 소통에서 발견되는 많은 사건들이 오바마의 도래를 준비했다는 것입니다. 예를 들면 〈24시(키퍼 서덜랜드 주연의 미국 인기 드라마—옮긴이)〉 같은 텔레비전 드라마까지요. 오바마의 고문 중 한 사람이 이 드라마의 각본을 썼다는 사실을 상기합시다. 결국 소통의 공간 안에서 오바마 현상의 정치적 출현에 앞서 멋진 준비가 있었던 게 아니었을까요?

도미니크 볼통 – 그건 꼭 소통 공간 안에서만은 아닙니다. 정확히는 미국 공공의 공간 내에서죠. 이 점에 있어서 미국인들은 유럽인들, 특히 프랑스인들에 비해 상당히 앞서 있습니다. 미국 사회가 인종차별적이고 불평등하다 해도 그 다문화주의는 미디어와 제도권 및 영화에서 훨씬 더 잘 드러납니다. 30년 전부터 프랑스와 유럽은 이 간극을 따라잡으려고 노력했습니다. 하지만 너무 동질적이고 사회적이고 문화적인 현실에 비해 사회를 대표하는 것들이 어긋나 있습니다. 우리 사회, 특히 프랑스는 다문화적이고, 이민자의 아이들은 해외나 프랑스어권 아이들과 동시에 접하고 있습니다. 그건 약점이 아니고 오히려 강점입니다. 사회의 모든 구성원들이 대표하는 공공의 공간들만이 민주주의를 떠받치는 최소한의 지지를 보장할 수 있습니다. 흑인, 황인종, 아랍인들을 보여 주면서 말이죠. 미국인들은 합법화의 형태를 허용했습니다. 아무튼 관용인 것이죠. 브라질에서처럼요. 이것은 비록 충분하진 않지만 유럽에서보다는 낫습니다. 유럽에서 미디어 내의 엘리트들은 세상 전체가 백인들뿐이라는 느낌이잖아요.

소통의 측면에서는 그 역할과 영향에 대해 혼동해서는 안 될 것입니다. 사람들은 오바마의 선거가 대중매체상에서 인터넷의 승리를 이뤄 냈다고 말하지만, 이건 단순하고 단기적인 시각을 가진 생각입니다. 물론 세대와 현대성 효과가 작용했습니다. 인터넷이 전혀 낯설지 않던 그의 젊은 팀은 실질적인 일을 해냈어요. 하지만 그 성공과 그 승리는 무엇보다도 그의 정치적 논거와 정체성과 스타일 덕이라고 할 수 있습니다. 그의 논거가 인터넷에서 반향을 불러일으킬 수 있다는 사실을 설득할 줄 알았기 때문입니다. 기술적인 측면에서 인터넷은 지지를 만들어 내는 데 성공할 수 없었을 겁니다. 거대한 정치적 전환점들이 거대한 미디어적인 순간들이었다는 것을 상기할 필요가 있을까요? 모든 나라에서 선거 때 흘러나오는 정치적인 방송들은 사회적 관계를 만들 기회입니다. 실제적으로 그건 대중매체와 우리 사회의 힘을 만들어 내는 인터넷 사이의 보완성이지요. 오바마가 인터넷을 통해 선거에서 이겼기 때문에 21세기의 가장 현대적인 대통령이라고 말하는 것은 틀립니다. 그가 선거전에서 이기고 있었기 때문에 인터넷 사용에서도 이겼던 것뿐입니다. 거대한 비정부기구나 세계적인 협회들의 예는 이 보완성을 잘 보여 줍니다. 전투적인 태도가 없는데도 인터넷이 이를 만들어 주지는 않습니다. 인터넷의 이용과 성공은 이미 사전에 존재하던 무언가를 강화해 주는 데 있습니다. 부시 정권이 8년간 치른 이라크 전쟁의 부당함과 불평등, 텔레비전 드라마와 영화라는 간접적인 수단을 통한 사회의 '준비', 변화시키고 싶은 열망은 오바마가 승리할 수 있던 부식토였던 겁니다. 오바마, 그는 정치 소통의 공간을 찾는 데 성공했고 이를 통해 정체성을 확언하면서 사람들을 모을 수 있었죠.

대중매체는 그들 나름대로 "혼혈은 왜 안 돼?"라는 인식을 일반화하는 데 기여했습니다. 인터넷은 네트워크일 뿐이란 걸 잊으면 안 됩니다. 물론 무척 강력하지만 한쪽에 항상 그 무리에 들지 않는 사람들이 있습니다. 네트워크는 사람들을 모으기에 매혹적이에요. 하지만 사회라는 건 훨씬 더 복잡합니다. 그게 단지 네트워크들의 합만이 아니라 그 네트워크 외부에 있는 사람들의 합이기도 하기 때문입니다. 결과적으로 대중매체와 사회적인 관계를 만들어 내는 인터넷 간의 동맹이고, 또한 아주 다양하게 나누어진 미국 사회에서는 특히 사실입니다. 15년 전부터 대중매체는 드라마를 통해 민감한 특정 사항, 가령 흑인 지도자나 유색인 책임자, 또는 여성 대통령을 반복적으로 보여 줌으로써 이러한 이슈들을 좀 더 친근하게 만들었어요. 인터넷은 이것들을 가속화시켰지만 사회정치적인 변화를 만들어 내지는 못했습니다.

대중매체와 인터넷 내에서 역할 분담을 잘 나타내 주는 또 다른 예는 우리가 현재 지나고 있는 세계적인 위기와 관련이 있습니다. 2007년 7월부터 2008년 7월까지 모든 정보가 있었지만 아무 일도 일어나지 않았습니다. 모든 게 제자리에 있었지요. 전형적인 타조 정치(눈을 감고 위험을 회피하는 정책—옮긴이)였습니다. 특히 쟁점들을 재는 자들 쪽에서 그렇지요. 1939~1940년에 일어난 웃기지도 않은 전쟁처럼요. 일 년 동안 모두가 의지를 다해 알고자 하지 않았습니다. 이에 비해 2008년 7월부터 2008년 12월까지 금융 위기와 그 경제적, 사회적, 그리고 종래에는 정치적인 결과의 깊이에 대해 전 세계에 극도로 폭력적이고 거친 자각이 있었지요. 하지만 일 년 전부터 모든 정보가 우리 손닿는 곳, 즉 인터넷에 있었습니다. 이 말은 결국 정보가 수용되려면 그 존재 자체로는 충분치 않다는 뜻이죠. 위기의 심각성과 크기를 자각하는 데 석 달이 걸렸어요.

두 가지를 주목할 수 있습니다. 시민들은 그들의 전통적인 대중매체에, 그리고 정치인과 연계된 신문기자와 논설위원들에게 신뢰를 품고 있었습니다. 또 단기간에 받아들이기 힘든 이 현실, 즉 그들이 가늠할 수 없는 힘든 현실을 그들의 설명을 듣고 이해하고 수용했습니다. 그것이 대중매체의 사회적 관계에 대한 근본적인 역할입니다. 특히 우리가 현재 직면하고 있는 이 위기의 순간에 말입니다. 인터넷은 그러한 연대감의 메커니즘을 만들어 낼 수 없어요. 공급의 미디어가 아니라 수요의 미디어이기 때문이지요. 우선 이건 신문과 잡지가 가진 책임감을 상징하지 않습니다. 오히려 네티즌의 자유와 능수능란함을 상징하는 거죠. 게다가 수치를 한번 볼 필요가 있습니다. 텔레비전 수상기가 35억 대, 라디오 45억 대가 있는 반면에, 컴퓨터는 20억 대가 있어요.

두 번째 주목할 것은 기술의 진보 덕분에 모든 사람이 모든 것을 보고 모든 것을 아는 것은 인류 역사상 처음이라는 사실입니다. 1930년의 위기와는 아무 상관도 없어요. 주목할 것은, 대신 그 결과로 나온 비판적인 정신이 증가했다는 것이죠. 정보를 주는 것, 그것이 비록 불완전한 방법이라 하더라도 그것은 항상 비판정신을 증가시킵니다. 달리 말하면 대중매체의 사회적 관계 기능은 백 퍼센트 그 임무를 완수했다는 겁니다. 우리가 극도로 파괴적이고 힘들고 어려운 상황에 처할 거라는 사실을 사람들이 의식할 수 있도록 알린 거지요. 우리는 이걸 받아들였습니다. 대중매체의 사회적 관계가 기능했기 때문이지요. 인터넷은 결코 이 사회적인 응집력을 만들어 낼 수 없었을 겁니다.

스테판 파올리 – 그럼 인터넷 이전에는 매클루언 씨가 옳았다는 얘긴가요?

도미니크 볼통 – 사실은, 아닙니다. 수요의 미디어인 인터넷은 항상 공급의 미디어보다 더 강합니다. 말 그대로 하면 그건 당신이 원하는 것을 가져다주기 때문이지요. 하지만 또한 당신은 당신이 원하는 것만 찾을 것이기 때문에 더 약합니다. 그러므로 시민은 자기 마음에 드는 것뿐만 아니라 전혀 마음에 들지 않는 것에도 흥미를 가져야만 합니다. 그래서 비록 수신자가 원하지 않더라도, 공공성에 관한 정보를 제공하는 공급 미디어만이 사회집단의 통합을 위해 개인적인 관심으로부터 나오게 만드는 겁니다. 이 둘은 보완적입니다. 뿐만 아니라 인터넷처럼 개인화된 수요 미디어가 더 있을수록 동시에, 아니 그 전에 공급 미디어가 더욱 필요한 겁니다. 소통의 이론에서 흔히 위대한 미디어들은 인터넷이나 개인적인 방법으로 접근할 수 있는 것보다 만족도가 떨어지는 일반적인 정보를 제공한다고 합니다. 맞습니다. 하지만 우리도 시민이에요. 결국 우리는 거대 집단, 예를 들어 파리 시에 속해 있지만 그 이전에 작은 이익집단, 즉 파리 테니스 동호회에 속해 있습니다. 다시 말해 인터넷은 네트워크와 공동체의 논리를 만족시킵니다. 하지만 모든 개인을 넘어 사회적인 관계를 만들기에는 약합니다. 대중매체는 이 사회적인 관계를 더 낮게 보장해 주지요. 그것 없이는 공동체를 넘는 사회가 없는 것입니다. 하지만 개인적인 취향 면에서는 이것들이 덜 만족스럽지요.

게다가 우리는 경제, 금융 위기의 기회를 틈타 다시 등장할 한 가지를 잊고 있습니다. 개인주의가 있기 위해서는 우선 집단성이 있어야만 합니다. 개인주의는 관계라는 것이 충분히 있는 사회 내에서만 태어나고 발전할 수 있습니다. 만일 그 사회적인 관계가 와해된다면 더 이상 개인주의도 없습니다. 그건 무질서(아노미)입니다. 여기서 제기될 문제는 어떻게 최소한의 응집력을 유지할지 알고, 어떻게 계층 간의 투쟁이 또다시 사회 조직을 파괴하는 것을 피하느냐는 것입니다. 그러면 사회적 관계와 집단의 한가운데 있는 질문, 즉 다름을 넘어 개인들을 어떻게 모으느냐 하는 질문에 다시 맞부딪힐 위험에 처하겠지요.

스테판 파올리 – 그러니까 다시 한 번 소통에서 발견되는 것과 정치에서 발견되는 것 사이의 균형 문제를 제기하는 것이군요. 어쩌면 21세기의 기초가 되는 세 가지 사건들, 9·11 테러, 금융 위기, 버락 오바마의 당선에서는 즉각적으로 세계화된 표현을 발견하게 됩니다. 바로 이 소통이야말로 정치에서 나타난 것입니다. 소통은 이미 세상을 바꾸기 시작했는데, 그러면 현재 다른 중요성들의 위계질서는 어떻습니까? 사회를 변화시키는 일은 어디에서 시작합니까? 이것이 소통의 장에서 시작되는 겁니까? 아니면 정치의 장에서 시작되는 겁니까?

도미니크 볼통 - 지금 근본적인 모순을 끄집어 내셨습니다. 50년 만에 정보와 소통의 기술은 거대한 진보를 만들어 냈습니다. 오늘날 우리는 세상에서 일어나는 어떤 사건이라도, 어떤 순간도, 최대 3~4일 간격이면 알 수 있습니다. 위기, 전쟁, 암살, 출생 같은 것들 말이지요. 이건 세상과 우리 관계에서, 자신의 의식 속에서, 단절을 나타냅니다. 적어도 생태학과 환경의 의식보다 훨씬 큰 겁니다. 세상에 관한 즉각적인 정보는 결과적으로 자각의 가속화를 가져왔습니다. 정보가 왜곡되고 부분적이라 할지라도 생각할 거리를 주고, 결국 비판정신을 자극합니다. 판도라의 상자가 열린 겁니다. 사람들은 정보를 민주화하길 바랐죠. 독재가 판치고 있을 때조차도 정보 소통의 장벽은 무너집니다. 그건 사람들이 생각하는 것보다 훨씬 더 빠르게 정치인들이 다르게 생각하고 행동하도록 강요합니다. 대신 우리가 접근하는 정보의 양과 우리가 정치적인 면에서 보이는 나약한 행동 능력 사이의 간극은 민주주의의 중심적인 정치 문제가 될 것입니다. 우리는 정보 면에서 거인들이 되었지만 행동 면에서는 난쟁이가 되었어요. 결핍은 행동 쪽에 있습니다. 정보 쪽엔 덜하지요. 불행하게도 현재까지 정보량의 증가에 비례하는 다양성의 증가는 동반되지 않았습니다.

민주국가에서 참여 민주주의를 재개하는 건 가능하지만, 세계적인 수준에서는 훨씬 더 복잡할 겁니다. 궤변일지라도 우리는 유엔에 무게를 다시 실어 주면서 지난 30여 년간 국제적인 수준에서 정치활동의 능력을 강화시킨 자유경제 세계화에 대해 결코 충분히 감사할 수 없을 겁니다.

여기선 세계적인 '여론'이나 세계적인 정치 행동이 문제가 아닙니다. 그건 좀 때 이른 것이죠. 세계적인 공공 공간이나 시민은 없습니다. 하지만 국가적 여론은 점점 더 무게를 실을 것이고, 세계적인 자각을 유리하게 할 겁니다. 생태학이나 환경 분야에서 한 세대 만에 그렇게 된 걸 막 보았잖습니까. 물론 우리가 접근할 수 있고 우리의 비판의식을 날카롭게 만드는 다량의 정보와 다른 한편으로는 행동할 수 없게 만드는 사실을 야기하는 절망 간의 불균형이 점점 더 심화될 위험도 내포하고 있습니다. 하지만 이것도 유리한 효과를 가져올 수 있습니다. 우리는 한 시민이 세상을 바꿀 수 없다고 느끼기 때문에 컴퓨터, 텔레비전, 라디오를 끄는 걸 막을 수는 없습니다. 하지만 반대로 생각할 수도 있습니다. 더 많이 알고 정보를 얻음으로써 세상에 좀 더 무게를 실을 수 있고 뭔가를 할 수 없다는 무능력한 감정에서 벗어날 수도 있다고 말이죠.

소통에서 기술 진보의 가속화는 한 세기 동안 인간 해방과 민주주의 이념과 평행적으로 이루어졌습니다. 이 두 가지는 어깨를 나란히 했어요. 현재로선 더 많은 정보가 더 많이 행동하고 싶은 열망을 주었지요. 우리는 정보와 행동 간의 불균형이 증가하기 때문에 항상 그 반대를 걱정할 수 있지만, 현재 행동에 비해 후퇴는 이뤄지지 않았습니다. 환경 생태학처럼 비정부 기구들은 긍정적인 부분입니다. 그래도 정보와 행동이 분리될 위험은 있지만요. 우리는 정보의 세계화만큼 문화적인 다양성을 참고할 필요가 있습니다. 정보는 항상 같은 의미를 갖고 있진 않기 때문이죠. 세상을 바라보는 시각이 사람들이 살고 있는 장소에 따라 다르기 때문이고, 그래서 주의를 기울여야 한다는 겁니다. 환경문제는 공통의 의식을 만들어 냅니다. 그게 세계적인 공통의 문제이기 때문이지요. 정보와 소통, 심지어 교육을 보면 훨씬 더 복잡해요. 말과 개념들이 여기에선 언어와 문화적 다양성에 연계되어 있기 때문이지요. 달리 말하면, 만들어 내야 할 공통의 쟁점에 대한 인식은 문화적인 다양성의 현실을 동시에 고려해야만 하기 때문입니다.

전에는 다른 곳에서 일어나는 일에 대한 정보가 많지 않았습니다. 각자는 자신 속에 갇혀 있었고 서로 '침묵'했습니다. 하지만 3세대가 지나면서 세상과 타인의 표현 공간은 완전히 달라졌고 지구촌으로 확장됐어요. 다른 사람이 도처에 있고 자신을 나타내는 거죠. 그러니까 공존의 문제가 중심이 된 겁니다. 우리와 닮은 누군가와 함께한다는 것은 이미 복합적입니다. 그러니까 세계화가 다른 모든 사람들을, 모든 문화를, 모든 종교를, 피부색, 냄새 등등을 우리에게 드러내는 것 말입니다. 그건 여전히 힘든 일이에요. 어쨌든 환경 생태학을 자각하는 것보다는 훨씬 더 어렵죠. 세계화, 정보, 소통의 진정한 위험은 뭘까요? 우리가 흔히 생각할 수 있듯이 우리를 서로 더 가깝게 만드는 대신에 반대로 차이를 더 잘 드러나게 만들어 증오를 불러일으킬 겁니다. 어떻게 우리가 우리하고 조금도 닮지 않은 사람이나, 서로 할 말이 하나도 없는 사람하고 함께 사는 걸 받아들일 수 있을까요? 정보와 소통에서 만들어지는 광적인 궤변에 맞닥뜨리지 않으려면 어떻게 해야 할까요? 우리를 더 가깝게 만드는 요소가 아니라 몰이해와 적대감 그리고 결국엔 전쟁의 요소가 되는 사실 말이에요. 바로 이것이 21세기의 도전 과제입니다. 사람들을 더 가깝게 만드는 대신에 몰이해를 더 조장하는 걸 피하는 문제요.

사실, 소통 기술의 빠른 속도와 인간적인 소통의 느린 속도 사이에서 괴리가 늘어나고 있습니다. 기술은 완성도가 무척 높습니다. 소통은 그 완성도가 항상 훨씬 뒤처졌고요. 만약 드러난 타자성이 증오의 요소가 아니라 함께 더 잘살기 위한 방법이 되길 바란다면 정보와 기술의 속도와 사람들과 문화 간 소통의 속도 사이에서 균형을 잡을 필요가 있습니다. 그것은 여전히 정보와 소통 간의 괴리인 것이죠. 정보는 메시지이지만, 소통은 관계입니다. 결국 여러 가지 관점들을 공존하게 하기 때문에 좀 더 복잡한 무엇이지요. 아니, 달리 말하면 소통에서 가장 단순한 것은 메시지와 기술이고 가장 복잡한 건 사람들과 사회입니다. 소통을 위해서는 정보를 주는 것만 가지고는 충분하지 않습니다.

이 전투 속에서 2005년 10월 21일에 파리의 유네스코 본부에서 이루어진 '문화적 표현의 다양성 보호 및 장려에 관한 국제협약' 합의는 결정적입니다. 기권한 네 나라를 빼고 모든 국가가 이에 합의했습니다. 미국과 이스라엘 두 나라는 반대표를 던졌죠. 물론 이 협약은 적용되기 무척 어렵습니다. 어떤 나라도 문화적 다양성을 존중하지 않기 때문이지요. 하지만 국제 공동체의 규범 신전에는 현재 5,000명만 사용하는 언어, 혹은 극소수의 사람들만 믿는 종교라도 다른 것들만큼이나 중요하고 가치가 있다는 생각이 있습니다. 우리가 서로 상호 존중해야 하는 규범 원칙을 정해 놓은 것이죠. 그렇다고 해서 평화가 있을 거라는 말은 아닙니다. 하지만 70개가 넘는 나라에서 비준했기 때문에 이것이 하나의 진보라는 거죠.

오바마의 선거로 되돌아갑시다. 타자성 관리와 경제 위기라는 두 개의 커다란 모순에 비추어 볼 때 이 선거는 낙관적인 신호입니다. 세계의 제일 권력의 선두에서 인류의 반을 대표하는, 많은 것이 섞인 한 남자가 나타난 것입니다.

장 비야르 ― 정치는 결국 모순적이지요. 부시조차도 콜린 파월과 콘돌리자 라이스 같은 흑인 정치인들에게 정부의 중요 직책을 맡겼습니다. 그러니까 이건 정말 보수적이라고 일컬어진 사람이 흑인들을 정치의 중요한 두 얼굴로 전면에 등장시킨 거죠.

도미니크 볼통 ─ 맞습니다. 프랑스를 한번 보세요. 정부 내에서 불법 이민자들을 체포하고 강제송환하자고 주장하는 내무장관 브리스 옥트프(Brice Hortefeux)의 곁에 유색인 장관들이 있습니다. 이런 관점에서 볼 때, 니콜라 사르코지 대통령은 좌파보다 더한 것을 해냈어요.

장 비야르 ─ 그건 종종 좌파가 사회문제에 지배당하는 반면에 우파는 국가 정체성과 영토 문제를 제기하기 때문입니다. 세계화는 어떤 방식으로 보면 사회적인 문제라기보다 영토의 문제가 아닐까요?

도미니크 볼통 ─ 결국 동시에 둘 다입니다. 세계화는 국경을 없애면서 경제적인 공간을 만들어 내길 바랐습니다. 그건 영토와 사회적인 문제들로의 회귀입니다. 다국적기업들에게도 국경은 항상 존재해 왔습니다. 사람들은 이들이 국경을 '넘어선' 것처럼 소개했지만 다국적기업들도 완전히 하나의 정체성인 겁니다. 오늘날 우리는 정체성과 개방의 결합을 배워야 합니다.

대중매체와 사회 간 관계에 관련된 문제로 되돌아와 보면 브라질이 흥미로운 예입니다. 브라질 사회는 정말 혹독한 사회적인 폭력을 겪었습니다. 브라질의 전국 민영방송사인 글로보의 텔레비전 드라마는 사회관계에 있어 근본적인 역할을 합니다. 오후부터 저녁까지 사회, 문화, 정치의 모든 문제를 다루었는데, 무척 인기 있고, 개방적이고 지성적이고, 창조적이었습니다. 국가가 방송을 거의 독점하다시피 한 상황에서 글로보 같은 민간 운영자가, 그러니까 완벽하게 거의 공공 서비스의 역할을 한 겁니다. 멕시코의 민간 텔레비전을 보세요. 그러면 두 나라의 민영 텔레비전 방송 사이에 드러난 차이점을 이해할 수 있을 겁니다. 영국을 제외하고 유럽에서 공공 서비스를 보면 심할 정도로 '백인' 위주예요. 실제 사회의 다문화주의는 절대 반영하지 않습니다. 국영이나 민영 대중매체는 특히 위기 때에는 미니시리즈나 드라마 등을 통해 동시대 문제를 더 많이 다뤄야 할 겁니다. 프랑스 3 채널에서 방영한 〈더 아름다워라, 인생(Plus belle la vie)〉의 성공이 그 예가 되겠지요.

스테판 파울리 ― 볼통 씨가 그리고 있는 이 세계는 이원화되고 대단히 궤변적인데, 정신분열증의 극단에 있다고까지 말할 수 있을 것 같습니다. 볼통 씨에 따르면 속도와 소통이 단번에 세상을 작은 단위로 분리하며, 각 공동체를 고립화시키고 그 속에 침잠되는 세계를 낳습니다. 속도가 감금의 한 형태라고까지 말씀하시는 건가요? 이 세계적 규모의 축소는 우리를 감금하고 있는 중일까요? 이 감금이 우리 사회의 분리를 가져오고 공동체 간의 고립화를 가져오는 것일까요? 그렇다면 우리는 절대적인 궤변에 빠지는 게 아닐까요?

도미니크 볼통 − 멋진 이미지네요. 하지만 답변하기 전에 여담을 하나 말씀 드리지요. 오늘날 각자는 자기가 받아들이는 메시지가 어디서 오건 간에 '자기 방식대로' 그리고 '자기의 경험대로' 해석합니다. 대중매체의 주제에 관해서 우리가 낙관적일 수 있는 것은 바로 이런 이유 때문이죠. 오랫동안 우리는 모든 사람에게 전달되는 동일한 메시지가 동일한 방식으로 받아들여지고, 광기와 정치적인 지배의 요소가 될까 봐 걱정했습니다. 파시스트와 나치 통치 기간을 모두 기억하고 있으니까요. 하지만 수많은 연구들이 민주주의 사회에서 모든 사람에게 전달된 동일한 메시지가 동일한 방식으로 받아들여지지 않는다는 것을 증명했습니다. 그것이 소통에 관한 연구에서 얻은 성과 중의 하나이죠. 이념적이고 문화적이며 정치적인 코드들은 그만큼의 중재자들이고 필터입니다. 다행히도 해석의 자유는 존재합니다. 그렇다고 이것이 아무거나 퍼뜨려도 좋다는 뜻은 아닙니다. 하지만 종종 수신자는 발신자와 동일 선상에 있지 않습니다. '수신자', 이게 바로 큰 발견이지요.

수신자는 발신자, 메시지 및 정보와 동일 선상에 있지 않습니다. 수신자는 정보를 소비하지만 그래도 생각하는 것에는 변함이 없습니다. 수많은 정보에 노출될수록 스스로 알아서 대처합니다. 그는 받은 정보와 협상을 하는 거죠. 그렇다고 해서 그가 옳다는 것은 아닙니다. 그건 아니에요. 하지만 이를 참조해야 한다는 것이죠. 그게 복잡해지는 소통의 도식입니다. 만약 그가 자신이 받은 메시지와 협상을 한다면 그럼 그의 자립도 참조할 필요가 있는 거죠.

게다가 파올리 씨는 속도와 감금, 소통 사이에 평등의 선을 두었습니다. 왜 안 되겠습니까? 제기할 가치가 있는 질문이지요. 큰 질문 가운데 하나가 있습니다. 어떻게 그렇게 작은 전체 세계 속에서 함께 살까? 이 전체 세계에서 상징적인 코드와 다른 이들보다 더 빠르게 움직이는 지배자들이 다른 사람들에게 그들의 코드를 강요하지는 않을까? 이것이 현대화의 비극적인 위험성입니다. 현대화는 흔히 합리화와 표준화가 함께 쌍을 이룹니다. 거기서 문화적인 다양성의 주요 정치 쟁점이 나오지요.

하지만 약간만 뒤로 물러나 봅시다. 우리는 규제 완화, 자유 시장, 공동 이익의 종말, 국가 역할의 축소 등을 빼고는 다른 해결책이 없다고 말하면서 지난 30년을 보냈습니다. 그리고 현재 우리는 이 이념이 끔찍한 무질서를 야기하고, 따라서 이 모든 걸 되돌려야만 한다는 걸 알게 된 겁니다. 자유무역주의의 경제 이념은 단번에 그 모든 과잉, 즉 정보와 속도, 투기, 비규제 등과 함께 허공에서 비틀거리고 있는 것입니다. 그러니까 정치에서 결정적인 건 없어요. 하지만 슬프게도 30년을 기다려야만 했던 거지요.

우리 앞에 버티고 있는 '진보'라는 개념을 재점검해야만 하는 다른 문제도 있습니다. 세계 인구의 55퍼센트 이상이 현재 도시에서 살고 있습니다. 이 인류학적 재앙을 우리는 언제 평가할 겁니까?

사람들을 가득 밀어 넣는 것, 그들을 서로서로 마주보게 하는 것. 이것이 공간, 시간, 존재론, 정치, 사회학, 물질과 자연과의 관계 등의 비전에 영향을 주지 않는다고 생각하는 것. 이건 미치거나 완전히 부조리한 겁니다. 전 세계 도시인들은 자유로운 시간이 이틀 정도 생기면 어떤 방법을 동원하든 도시를 떠나 '시골'로 갑니다. 다른 관점에서 보면 우리가 강조하는 건 그

것이 과거의 신호라는 것이죠. 현대적인 의미로 보면 진보라는 것은 가능한 한 가장 덜 시골뜨기 같은 것이었습니다. 농민층은, 그러니까 두 세대를 거쳐 거의 사라졌어요. 그리고 우리는 현대의 일은 더 이상 자연과 물질을 변형시키는 데 있지 않고 그 특징들을 관리하는 것이라고 말했지요. 결과적으로 부유한 나라에서는 인구의 80퍼센트 이상이 물질이나 자연과 일을 하는 것이 아니고 평생을 모니터 앞에서 보냅니다. 그래서 과학적이고 기술적인 세 가지 진보의 효과가 나타납니다. 거기서 속도가 무리 없이 강요된 것이죠.

그건 현대화의 이념이었습니다. 경제와 사회를 넘어 혼란스러워진 세상과의 모든 관계입니다. 다시 말해, 파올리 씨가 말하는 부자들 간의 감금은 매혹적인 생각입니다. 자칭 속도를 통제하는 지배자들이 그들 자신을 스스로 가둔다고 말하는 것은 틀린 게 아닙니다. 어쨌든 우리는 모두 소멸할 존재들이니까요. 시간을 벌어 봤자 아무 소용도 없는 겁니다. 속도를 얻는 것은 우리가 불사조였더라면 의미가 있었을지도 모릅니다.

우리가 일종의 시간의 합리성 뒤로 버려 둔 기본적인 인류학적 문제들은 우리에게 부메랑으로 돌아올 겁니다. 부자들은 그들의 속도 속에 스스로 갇힐 것이고 시간 밖에 있는 빈자(貧者)

들은 거기서 아주 잘 벗어나겠지요. 그게 SF 공상과학의 좋은 시나리오 소재가 될 겁니다.

스테판 파올리 – 장 비야르 씨 얘기로 돌아가 보지요. 볼통 씨가 도시에 관해 보여 주는 이미지는 부자들의 닫힌 도시이고, 도시를 둘러싸고 있는 가난한 교외 아닙니까?

도미니크 볼통 – 전 세계에서 우리는 현재 부자들이 고도의 감시하에 숨는 구역을 볼 수 있습니다. 자기들끼리 산다는 게 정말로 그렇게 큰 행복일까요? 정보 시스템 덕분에 감시당하고 갇히고 만 부자들의 게토인 것이죠.

장 비야르 – 끊임없이 왕래하고 완벽하게 세계화되었으면서 전통적인 구역에서 다시 스스로 집에 틀어박히는 그룹, 즉 다른 그룹과 완전히 분리되어 움직이는 그룹이 있다는 거네요. 그 말씀을 들으니 지구촌은 게토를 모아 놓은 것 같은 느낌이 드네요.

도미니크 볼통 – 우리가 만약 사회관계를 만들어 내고 또 세계적인 수준에서 약간의 연대를 발생시키는 정치에 새로운 가치를 부여할 수 없다면 지구촌은 결국 게토를 모아 놓은 것으로 변형될 위험이 있습니다. 하지만 불평등은 제 관심을 끄는 정보의 세계화와 함께 오늘날 너무나 잘 드러납니다. 거기서 결과를 얻어 내길 바라진 않지만 이제 반응을 해야 할 필요가 있고, 또한 새로운 연대의 형태를 찾아야 할 겁니다.

장 비야르 – 그런데 우리들의 중요 관심사는 부자가 아니라 가난 아닙니까?

도미니크 볼통 – 맞습니다. 더 이상 모른 척할 수는 없지요. 하지만 우리가 행동할 수 있다는 것을 알기 때문은 가난은 더 이상 중요 관심사는 아닙니다. 전 정보와 행동 간의 괴리에 관해서 다시 말하지 않을 겁니다. 대신 이로 인해 우리는 여전히 더 많은 폭력성을 띨 수도 있는 것이죠.

모두가 모든 것을 알고 모든 것을 보기 때문에 모든 사람이 불평등을 보는 겁니다. 리옹에서 클리블랜드, 상파울루에서 시드니까지 말이죠. 이러한 정보의 세계화는 심화되고, 더불어 비판의식도 커질 겁니다. 미국인들이 1980년에 CNN을 만들었을 때 그들은 세계적인 정보 채널이 그들의 관점에 좀 더 가치를 부여하고 민주주의 의식을 제고할 거라고 믿었어요. 그러나 실제로 그들은 정확히 그 반대를 얻었습니다. 미국의 세계적인 시각은 점점 더 세계와 부딪혔고 사회 관계를 만들어 내는 대신에 반미주의를 야기했습니다. 이 폭력성은 더 커질 겁니다. 그러므로 우리는 불평등을 최소한으로 줄이기 위한 방법을 찾아야 합니다. 그러면 세계화는 그 온전한 의미를 찾는 거죠. 그게 아니라면 성공하지 못할 겁니다. 그럼 그건 바로 게토 논리의 승리이죠.

장 비야르 ― 볼통 씨가 CNN과의 인터뷰에서 말씀하신 것(교육 수준이 높을수록 자녀 수는 적다)과는 반대로, 어떤 인구통계학자들은 지구 곳곳에 방영되는 미국 드라마가 산아 제한에 더 폭넓게 공헌했다고 간주합니다. '두 아이를 가진 날씬한(아랫배가 나오지 않은) 여성 모델'이 나오는 드라마 말이에요. 전에는 이러한 인구 억제 정책은 학교 교육을 통해서만 영향력을 행사할 수 있다고 믿지 않았습니까?

도미니크 볼통 ― 기계적인 설명에 주의합시다. 비야르 씨가 쓴 표현을 빌리자면, 발신자가 미국 드라마 메시지를 4년 동안 반복한다고 이 메시지가 나머지 세계에서 모델이 되는 것은 아닙니다. 수신자들은 그들의 종교, 노하우, 문화가 있습니다. 미국 드라마들은 현대성 요소들 가운데 하나를 이루고 있지요. 저항하거나, 또는 오히려 어떻게 이 모든 메시지들이 공존하는지 그 방식을 관찰해야만 합니다. 시청한다는 것이 동조를 의미하진 않습니다. 영향을 받는다는 것이 속는다는 것을 의미하지도 않습니다. 그리고 상황과 기간을 잊으면 안 됩니다.

장 비야르 — 하지만 인구 감소는 실질적이었습니다.

도미니크 볼통 — 인구 통계는 단순한 인과관계의 장 밖에서 일어나는 전형적인 현상입니다. 수많은 가정을 해 볼 수 있지만 우리는 결국 인구 통계가 왜 오르거나 내리는지 아주 잘 알지는 못합니다. 그건 개인들의 자유이고 사회의 미스터리이죠. 오늘날 사람들은 가장 큰 국력이 바로 사람, 즉 인구수라는 걸 재발견했습니다. 지난 40년간 맬서스주의(산아 제한론—옮긴이)가 전 세계를 지배했던 것의 반대 결과죠. 문화적인 관점에서 보면 여러 가지 정신적, 문화적인 세상을 공존하게 하는 사람들의 능력을 관찰하는 게 흥미롭습니다. 정보가 많이 밀려들수록 예기치 못한 공존이 더 많을 겁니다. 저로선 어떤 순간에 현대주의적 논리가 이겼는지 말하는 게 불가능합니다. 특히 언제 그리고 어떻게 그 움직임들이 전도되었는지 말이죠. 대신에 현대주의자적인 이념은 그 단순한 도표에 타격을 입을 겁니다. 이런 점에서 볼 때 종교적 부흥의 예는 무척 시사하는 바가 큽니다. 사람들은 50년 동안 종교 현상이 후퇴하고 있다는 얘기를 반복했어요. 그리고 현대사회는 종교적이지 않을 것이라고 했지요. 하지만 그런 기대와는 반대로 30년 전부터 종교적인 감정의 부흥이 모든 종교를 관통한다는 걸 알게 되었습니다. 이슬람 근본주의가 되살아나는 위험과도 함께였죠. 현재는 이슬람교도들에게 그렇고, 내일은 가톨릭교도들이나 유대교도들에게 그렇겠죠. 오늘날처럼 합리적이고 기술이 진보한 세상에서 종교적 감정이 그렇게 빨리, 또 그렇게 강하게 다시 떠오르리라고 누가 생각이나 했겠습니까? 이게 다 인류학에서는 무척 신중해야 하고 현대성의 속도와 사회의 깊이를 혼동하지 않아야 한다는 얘기인 것입니다.

스테판 파올리 – 종교 비교로 돌아와 봅시다. 그리고 책(성서를 기본으로 하는 종교, 즉 기독교, 유대교, 이슬람교—옮긴이)의 모든 종교들을 한번 언급해 보지요. 시대착오의 위험성이 있지만 각 시대의 각각의 종교는 우리에게 멋진 이야기를 들려줍니다. 성경은 정말 흥미진진한 연재만화이고 유대인 전통의 공상과학소설입니다. 이슬람은 놀라운 모험소설이죠. 오늘날 뛰어난 텔레비전 시리즈들이 우리에게 우리 시대의 이야기를 해 줄 수 없을까요? 그렇지 않습니다. 하지만 이들이 종교가 했던 것과 똑같은 응집력을 가질 수 있을까요? 결국 모든 종교들은 그들의 시대에 공존했습니다. 종교들은 각자 자기 이야기를 하면서 퍼져 나갔고 어느 한순간 이 종교들은 서로 부딪치거나 섞였어요. 오늘날 종교란 무엇입니까? 〈24시〉 시리즈는 성경의 새로운 형태일까요? 이런 시리즈들이 우리를 변화시킬 수 있는 뭔가를 가져다줄까요?

도미니크 볼통 ― 전 정확히 반대로 말씀 드리겠습니다. 속도와 합리성을 만들어 낸 것도, 이런 방식으로 세상을 정복한 것도 바로 우리입니다. 그렇기 때문에 서구의 광기와 힘은 우리를 합리성의 반대 방향으로 이끌 위험이 있습니다. 세상의 이 작은 조각이 지난 4세기 동안에 만들어 낸 결과물은 놀랍습니다. 같

은 시기에 우리가 나머지 세상에서 '들여오고(좋은 의미에서)'
약탈한 것들을 잊지 않는다는 조건에서 말입니다. 종국에는 속
도가 자기 파괴적이 된다는 것만 빼놓으면 놀라운 일이지요.
우리가 속도, 완성, 합리성의 사회 속에 있을수록 종교들, 더 일
반적으로는 종말론이 그들 앞에 모습을 드러내죠. 불교, 유대
교, 기독교 또는 이슬람교의 중심에는 모든 사람들을 옭아매는
시간표 외부의 명상, 침묵, 관조, 종교 교리의 추종이 있습니다.
결국 사람이 빠르고 현대적이고 완성도가 높고 기술적일수록
감각, 명상, 침묵, 타자에 대한 연구를 더 열망하게 되는 것이
죠. 성지순례가 인기를 얻을 줄 30년 전에 누가 상상이나 했겠
습니까? 사람들은 걷습니다. 그리고 아무 말도 하지 않습니다.
어쨌든 소리와 빛과 속도가 있을수록 침묵과 어둠과 느림으로
회귀할 것입니다.

즉 속도의 논리는 반드시 보편적인 가치가 되지는 않을 겁니
다. 반대로 이건 우리가 언젠간 죽는다는 것, 시간은 끝이 있다
는 사실을 자각하게 만들 것입니다. 또한 우리가 이러한 것들,
즉 속도, 기술, 합리성 등을 '얻을수록' 이를 잃을 것이라는 형
이상학적 두려움이 다른 열망들을 발화시킬 겁니다.

미국인 이야기로 되돌아와 봅시다. 그들은 잡다한 인종과 문

화가 혼합된 신화로 만들어진 나라입니다. "우리는 사방에서 왔지만 미국의 일체성을 만들 수 있다."와 같은 거죠. 그들은 세계의 역사와 그들의 역사를 혼동하고, 또 다른 문화 그리고 다른 문명과 동일한 평면 위에 놓여 있다고 생각합니다. 미국인들이 이라크로 전쟁을 하러 떠났을 때 그들은 오천 년 전에 이라크의 땅 위, 티그리스 강과 유프라테스 강 사이의 메소포타미아로부터 도시와 문자가 발명되었다는 것을 잊었습니다. 자기들은 3세기 정도의 역사만 가졌으면서, 집단적 기억 속에 오천 년의 역사가 있는 사람들과 전쟁을 하러 떠난다는 것은 충돌을 야기할 위험이 있는 것이죠. 이라크 농민은 가진 게 아무것도 없습니다. 가난합니다. 하지만 그는 냉방장치가 달린 트랙터를 모는 미국 중서부의 농민보다 더 '세련'되었습니다. 우리는 기술과 무기로 모든 것을 정복하기를 바랄 수 없습니다. 또한 동시에 위대한 문명들을 모른 척할 수도 없습니다. '세계화된 세상'에서 국민들의 지성, 문화와 지구의 거대한 다양성을 참작해야 할 겁니다.

예를 들면 태평양은 매혹적입니다. 사는 인구는 무척 적지만 그곳에서는 셀 수 없는 언어의 다양성과 수많은 문명의 흔적을 볼 수 있기 때문이지요. 하지만 그 문자와 건물들이 많이 남아 있지 않았기 때문에 18세기 탐험 시대까지 이 문명들이 어떤 방식으로 발전되었는지 우리는 아는 것이 별로 없었습니다. 그 결과 우리는 우리 기준을 '밀어붙이죠.' 그러니 관광객들을 위한 천국만 남은 겁니다. 우리는 중국이나 인도만큼이나 인류의 자산에 중요한 이 사회, 역사, 문화를 알고 존중하는 걸 배워야만 합니다.

타자성과 다름의 공존은 소통의 정치적 문제 한가운데 있습니다. 이제 우리는 더 이상 사람들에게 우리의 문화를 강요할 수 없습니다. 우리는 서로를 존중하고 공존할 수밖에 없는 거죠. 즉 정체성과 소통의 모순되는 두 개의 차원을 관리해야 하는 것입니다. 항상 혼혈은 있을 테지만 열린 세상에서 사람들은 우선 그들의 정체성으로 존중받길 원할 겁니다. 바로 그래서 타인을 존중하는 소통의 지향점인 문화적 공존의 문제가 우리 앞에 있는 것이죠.

스테판 파올리 ― 시간을 종교인의 공간에 내버려 두고 이념으로 되돌아와 봅시다. 오늘날 이념이라는 건 바로 기술적인 모든 것입니다. 강경파, 즉 미국 신보수주의자들의 슬로건은 "우리가 옳다. 우리가 제일 강하니까."입니다. 볼통 씨가 말씀하신 것처럼 어떤 관점에서는 오늘날 가장 강하다는 것은 가장 빠르다는 것입니다. 혹시 우리를 제한하는 기술의 이념이 있을까요?

도미니크 볼통 − 미국의 모든 드라마에서 초강력 무기에서 나는 웅장한 소리와 함께 지성과 현대성의 표시인 컴퓨터 자판 두드리는 소리를 듣습니다. 우리는 악한들을 끝장내는 기술의 제전에 참여하는 겁니다. 요약하면 기술은 평화를 만들었고, 죄인들을 찾아내 죽이는 것이죠. 이 개념이 미국인들의 정서에 새겨져 있습니다. 그 때문에 베트남도 이라크도 아프가니스탄도 있었죠. 이러한 전쟁 부담에도 불구하고 여전한 믿음이 있는데, 바로 기술이 모든 걸 할 수 있다는 믿음입니다. 인간들 위에 군림하는 더욱 훌륭한 기술 말입니다. 제1차 세계대전 이전에 유럽인들이 그랬던 것처럼, 비록 미국인들은 인정하기를 거부하지만 그들도 역시 유럽인들 못지않게 교만했습니다. 유럽인들을 좀 더 겸손하게 만들기 위해 식민지 국민들에게 당한 일련의 패배와 두 번의 세계대전이 안겨 준 패배가 필요했어요. 하지만 '보통' 미국인은 여전히 타자가 그들만큼이나, 아니 더 똑똑하다는 것을 이해하지 못합니다. 고도의 기술, 속도 그리고 합리성으로 인해 점점 더 그들이 최고라고 믿고 있지요. 하지만 바로 그 기술이 실패를 가져올 것입니다. 이미 파올리 씨가 강조했듯이 속도는 지배자를 그의 합리적인 확실성 속에 가둬 둡니다. 하지만 이 합리적인 확실성은 타자성과 부딪힐 겁니다.

스테판 파울리 ─ 미국인은 베트남 전쟁 패배 때부터 이런 사실을 이해할 수 있었을 텐데요?

도미니크 볼통 ─ 1850년과 1914년 사이에 유럽도 또한 이런 사실을 이해할 수 있었을 겁니다. 하지만 유럽은 자신이 더 우수하다는 도취에 사로잡혀 있었습니다. 스스로를 죽일 정도까지 말입니다. 제1차 세계대전은 1870년 보불전쟁을 한 자들이 빚은 허영의 결과물입니다. 프랑스와 프로이센 두 열강은 자신들의 힘을 과시하기 위해 끔찍한 전쟁을 벌였습니다. 그리고 명분도 없는 증오와 경쟁을 낳았습니다. 역사적인 결정론을 만들지는 맙시다. 하지만 1870년의 허영은 상당 부분 제1차 세계대전과 제2차 세계대전을 이끌었습니다.

스테판 파울리 ─ 기술이 모든 것을 숨기는 현실을 보지 못할 정도로 우리가 눈이 멀었나요? 위베르 베드린(Hubert Vedrine,

프랑스의 전 외무부 장관—옮긴이)이 언급했던 것처럼 지금 우리가 인터넷 정보에 의한 초슈퍼 파워의 시대에 들어섰다는 사실을 믿을 수 있을까요?

　　도미니크 볼통 ― 기술, 합리성, 속도, 효율성, 이것들이 미국 드라마의 주요 요소들입니다. 현대사회에서 악당들에 대항해 우리가 이길 수 있도록 해 주는 것들이지요. 하지만 실제로는 그 반대가 가능합니다. 기술과 합리성의 속도와 효율성에도 불구하고 악당들은 우리를 이길 수 있습니다. 중요한 문제는 세상을 한 바퀴 도는 정보 시스템을 갖고 있는 게 아니고 빠른 기술 속도와 느린 소통 사이에서 균형을 찾는 겁니다. 기술 네트워크 끝에는 컴퓨터가 있는 게 아니고 사람들이 있습니다. 그들의 언어, 이념, 문화와 함께 말입니다. 사람들이 지구촌을 기술에 한정시킨다면 그건 게토와 증오의 마을이 될 뿐입니다. 사람들이 집단주의가 아닌 인간적인 공동체 마을을 원한다면 받아들이는 사람들이 컴퓨터의 것이 아닌 그들의 리듬을 갖고 있다는 사실을 이해해야 합니다. 그러니까 기술의 속도에서 나와 인류학의 느림 속에 들어가야 할 것입니다.

　언어의 다양성 문제는 문화 다양성에서 피할 수 없는 조건이기 때문에 근본적입니다. 문제는 세계가 알고 있는 500개의 영어 단어가 아니고 문화적 다양성을 구하기 위해서 다른 모든 언어들을 보전하는 것입니다. 그렇지 않으면 우리는 세계의 가짜 표준화에 도달할 것이고 그다음엔 정체성의 저항에 다다를 것입니다. 당신이 만약 타자의 정체성을 참고하지 않으면 어떤 순간에 그것은 당신에게 복수를 하고 그래서 그것을 참고하게 만들 것입니다. 세계화에서 중요한 건 기술 시스템의 성능이 아닙니다. 그건 정보 시스템의 규범입니다. 인터넷 경찰을 만들기 전까지 얼마나 많은 재앙이 필요할까요? 뭔가 조치를 취하기 전에 얼마나 많은 경제 위기, 투기, 마약 거래, 사이버범죄, 수백만의 아동성범죄 사진이 필요할까요? '정보'는 아무것도 아닙니다. 그리고 만약 사람이 변태라면 정보도 그럴 겁니다. 우리는 인쇄매체, 라디오, 텔레비전을 위해 법률을 제정합니다. 그런데 왜 인터넷에서는 하지 않는 거죠?

인터넷을 위한 '법률 제정' 개념이 항상 수용된 건 아닙니다. 사람들은 규칙이 자유를 죽이는 거라고 생각하기 때문이지요. 하지만 인류 역사에서 법률은 항상 약자를 보호했습니다. 규칙이 없다면 강자가 이길 겁니다. 우리는 인터넷이 이윤, 투기, 섹스 및 게임의 논리에 의해 지배되고 있다는 사실을 알고 있습니다. 몇몇 사람들은 인터넷이 인본주의적이라고 포장하지만 사실 우리는 그 인본주의로부터 멀리 떨어져 있습니다. 인터넷이 자유의 도구로 남고 싶다면 이를 통제해야 합니다.

제 명제는 다음과 같습니다. 첫째 우리는 모두 유혹하고 나누고 설득하기 위해 소통하려고 합니다. 일반적으로 동시에 세 가지 모두를 다하는 거죠. 산다는 것은 소통하기를 원하는 것입니다. 둘째 우리는 훨씬 더 나은 소통의 느낌을 주는 성능 좋은 기술을 점점 더 많이 이용합니다. 셋째 우리는 비소통에 부딪힙니다. 정보 제공자는 수신자를 지배할 수 있다고 생각하지만, 수신자는 결코 정보 제공자의 뜻대로 움직이지 않습니다. 그럼 어떻게 할까요? 우리는 수신자를 죽이거나 그와 협상을 합니다. 다행히도 대다수 경우에 우리는 두 번째 해결책을 선택합니다. 사실 우리는 우리들의 사생활에서 이 교환 게임을 하며 시간을 보냅니다. 우리는 소통하고 싶어 하고 비소통에 부딪히고 협상합니다. 그 과정이 잘 끝나면 우리는 함께 사는 겁니다. 비소통과 협상은 그러니까 가장 자주 소통의 지향점이 됩니다. 어쩌면 다른 사람의 존중을 위해 치러야 할 대가일 겁니다. 커플, 가족, 기업, 사회에서 모두 그렇게 이루어집니다. 즉 소통하는 것이 함께 사는 것이지요.

이 소통의 이론이 제 마음에 듭니다. 비소통과 협상해야만 하는 필요성을 대책의 중심에 놓기 때문이죠. 파올리 씨의 질문 때문에 제가 주제에서 벗어났는데요, 다시 돌아와 보면 기술적 이상은 타자를 부정합니다. 기술적 이상은 발신자와 메시지, 수신자들이 일직선 위에 있다고 생각합니다. 하지만 절대로 그렇지 않습니다. 그건 일직선 위에 있는 것이 아닙니다. 소통의 문을 열고 갈등의 문을 닫을 수 있다는 사실을 우리가 받아들이는 순간부터만 오직 그렇습니다.

장 비야르 — 하지만 바로 그래서 위협과 위험의 감정이 있을 때 우리가 새로운 정치 형태를 만들어 내는 거 아닙니까? 그리고 어떤 면에서 우리가 동시에 기후 온난화 문제 같은 새로운 '공동'의 적을 발견했다는 사실이 새로운 형태의 정치를 유리하게 만드는 것 아니겠습니까?

도미니크 볼통 — 지난 40년 동안 일어난 두 번의 큰 정치적 사건은 사람이 항상 새로운 정치를 발명한다는 것을 증명했습니다. 그건 비정부기구의 탄생과 환경에 대한 자각입니다. 비정부기구들은 더 많은 진실과 진리를 위해서 싸우길 바라고 유토피아를 다시 뒤쫓으려는 사람들의 능력을 보여 줍니다. 환경에 대한 자각은 결국 자연이 공동의 재산이고 결과적으로 정치적 쟁점이었다는 것을 이해하는 데 우리가 성공했다는 사실을 증명합니다. 사람들은 자연을 파괴할 수 있지만 영원히 도외시할 수는 없을 겁니다.

대신 소통을 위한 자각은 안타깝게도 조금 더 어려울 위험이 있습니다. 소통이 상징 체계 분야에 속하고 사람들과 관련되어 그들을 서로 마주보게 만들기 때문이지요. 우리의 미래와 미래 세대들을 위해서는 생태학의 중요성을 자각하는 게 더 쉬울 것입니다. 생태학이 우리에게는 필수 불가결한 중간 매개자이기 때문이지요. 대신, 소통에 대해서 우리는 우리 정신의 '연장'인 20억 대의 컴퓨터가 평화를 만들어 줄 거라는 환상을 가질 수 있습니다. 다시 말하면 자연은 우리에게 필수 불가결한 현실을 나타냅니다. 인터넷이 우리의 상상 속에서 우리 두뇌의 또 다른 우리를 나타내는 것과는 다르죠. 인터넷은 한계가 없기 때문에 사람들은 비판적인 거리 없이 스스로를 투사하고 컴퓨터, 라디오, 텔레비전이 많을수록 세상이 더 잘 돌아간다고 생각합니다. 사실은 속도와 비소통을 만들고 있을 뿐인데 말입니다. 그때부터 정치적인 질문이 제기됩니다. 정보의 일

반화가 그것이지요. 정보의 일반화가 소통의 쟁점에 관해 비판
적으로 사고하지 않는다면 환경과 관련된 위험들보다 더 위험
하지 않을까요? 정보와 소통에서 사람은 오로지 자기 자신하
고만 마주하고 있습니다. 생태학에서처럼 자연이라는 중간 매
개체가 없어요.

사람들은 사방으로 메시지를 보내는 것이 충분하지 않다는
사실을 알아차렸습니다. 문제는 메시지의 생성물이 아니라 사
회에서 사람들이 만들어 내는 것이기 때문이죠. 이런 경우, 기
술적인 행위가 아니라 정치 인류학이 문제입니다. 또는 강력한
메시지 전달과 관련된 정보의 상호 작용이라는 광기 어린 이념
이 득세합니다. 그러면 당신은 최고의 속도로 벽에 가 부딪칠
겁니다. 당신이 컴퓨터와 이메일 없이 살기로 결심했다고 오늘
한번 말해 보십시오. 잘하면 사람들은 당신을 약간 특이한 사
람으로 바라볼 거고, 최악의 경우 당신은 완전히 배제될 것입
니다. 당신이 종이로 된 수첩을 들고 약속 장소에 나타난다면
사람들은 당신을 완전히 시대에 뒤떨어진 존재로 바라볼 겁니
다. "하루에 이메일 이백 통쯤 받지 않아?" 이 말은 마치 한 사
람의 지적 능력은 그가 받는 이메일 수에 달려 있다는 뜻처럼
보입니다. 마치 이제부터는 인간의 지성이 매일 받는 수백 통의

메일로 줄어든 것처럼 말입니다. 또 전자수첩을 들여다보며 시간을 보내는 것도 이와 같습니다.

우리는 자유로워지려고 수 세기 동안 싸웠습니다. 이제 우리는 끊임없이 연결되고, 상호 관계를 맺고, 연락하고, 그 사람이 누군지, 어디에 있는지 파악할 기술로 둘러싸여 있습니다. 그러므로 상호 관계의 고독에 주의하십시오. 또한 다른 수신자의 존재를 부정하거나, 아니면 그들이 자기 자신과 다를 바 없다고 믿고 행동하는 '동일 소통'에 자기 자신을 감금하는 상황에 주의하십시오. 왜 자유를 다중 접속과 동일시합니까? 왜 연결망이라는 뜻의 인터넷에 대한 호감을 자유와 동일시합니까? 다중 접속, 연결, 이것들이야말로 자유의 반대말이지 않습니까?

스테판 파올리 ― 처음부터 전 볼통 씨가 소통에 관한 사고에서 존재론의 문제에 부여하는 가치에 놀랐습니다. 볼통 씨는 인터넷이 우리의 두 번째 두뇌라고 말씀하셨습니다. 그건 비유만은 아닙니다. 기술적으로 시스템이 발전하는 방법은 거의 뉴런과 같습니다. MIT의 미디어 연구소 팀들은 인터넷의 다음 단계를 구상하는 중입니다. 우리는 정말 두뇌가 하는 것처럼 다각적인 문제를 제기하는 뉴런 시스템에 가까이 다가갑니다. 그러면 지금 우리는 다르게 생각할 필요가 있는 게 아닐까요? 기술적 이념에 빠지지 않고 우리가 갖고 있는 이 도구들이 우리가 우리를 다르게 바라보는 방법이란 걸 이해해야 하지 않을까요? 우리는 두 번째 두뇌를 갖게 된 반면에 이 새로운 소통의 형태를 서로 이해하고 배우는 어떤 방법도 가지고 있지 않습니다.

도미니크 볼통 - 그 말씀에 동감합니다. 하지만 컴퓨터는 동일 논리 속에 있기 때문에 우리 두뇌가 가진 창조성 및 인간 정신의 예측 불가능하고 다차원적인 경이로움에 비해 극도로 '한정' 되어 있습니다. 이걸 확인하려면 인공지능 및 자동 번역 분야에서 부딪히는 어려움을 보는 것으로 충분하지요. 30년 전엔 그게 새로운 인본주의를 탄생시켜 주는 줄 알았잖습니까!

컴퓨터가 우리보다 수천만 번이나 더 빠르게 계산을 한다 해도 두뇌와 인간이 항상 더 우수합니다. 그러니까 컴퓨터에 의한 두뇌의 재생 측면에서 기술적인 진보를 가져올수록 타자성의 문제는 날카로운 방법으로 제기될 겁니다. 자기 자신으로부터 벗어나는 것은 기계로부터 벗어나는 것이고, 또한 타자의 존재와 현실을 발견하는 것이며, 자연과 실제 세상을 재발견하는 것입니다. 우리는 점점 더 기호 관리로 지배되고 자연에 비해서는 덜한 세상에 있기 때문에 이제 정말 인류학적인 문제를 마주하고 있는 겁니다. 1세기도 안 되어서 정보 시스템은 우리를 현실의 어떤 점에서 분절시켰고, 우리는 일종의 '가상현실'에 도달하게 된 겁니다. 거기서 우리는 완전히 전능하다는 달콤한 착각과 함께 돌아다니는 것이죠. 우리가 그 착각에서 나와 타자성을 되찾는 현명함을 갖추거나, 아니면 계속 과학과 기술이 만든 착각 속에 머물면서 세상은 점점 더 나아질 수밖에 없다고 생각하거나 둘 중 하나가 되겠죠. 그런데 후자가 점점 더 심각해질 겁니다.

소통에 관한 사고는 현재 기술의 완성에 의해 너무나 많이 막혀 있습니다. 소통을 구하는 것, 그건 자율성을 되찾는 것입니다. 우리는 철학도 소설도 과학서도 충분히 읽지 않습니다. 타인에 비해, 또 비소통에 비해 인간 감각의 자유 문제와 연관이 있는 소통의 위상에 관해 생각하고 고찰한 결과가 바로 그것들인데 말이죠.

스테판 파울리 ― 베르나노스의 『로봇에 대항하는 프랑스(La France contre les robots)』라는 책이 다시 생각납니다. 기술에 대항하는 인류를 말씀하시는 게 아닙니까?

도미니크 볼통 — 우리는 또한 인간과 기술 간의 관계들을 그린 1930년대의 철학자들이나 소설가들의 책을 충분히 읽지 않습니다. 그들은 '기계 본래적이고 기술 편중의' 새로운 세상의 도래를 잘 예언했습니다. 그들은 그걸 보고 이에 대해 염세주의를 표방했는데, 그것은 1914~1918년의 제1차 세계대전을 봤기 때문입니다. 세계대전은 기술의 첫 번째 '승리'였습니다. 전쟁의 끔찍함에도 불구하고 우리는 '기술 세계'를 경계하라는 그들의 메시지를 듣지 않았죠. 우리는 그들을 불평꾼으로 취급했고, 그리고 그건 지금도 계속되고 있습니다. 일종의 과학적 합리성의 한계와 쟁점들에 관한 역사적인 사고는 종종 염세적으로 받아들여졌죠.

문제는 기술에 찬성하거나 반대한다는 게 아닙니다. 그건 의미가 없어요. 하지만 기술이 인간을 이롭게 하느냐 또는 그 반대냐를 아는 것이 문젭니다. 특히 정보나 소통의 문제에 있어서 그렇죠. 철학적이고 정치적이고 존재론적인 이 토론은 한 번도 사회를 관통하는 걸 멈추지 않았습니다. 그러나 답변은 언제나 극히 단순했지요. 기술적인 진보는 특히 소통 분야에 있어서 빠르고 매혹적이며 끝도 없어 보였습니다. 예를 들어 라디오는 1910년대에 나타났고, 전화는 1920년대에, 텔레비전은 1930년대에, 컴퓨터는 1940년대에, 그리고 네트워크는 1980년대에 나타났습니다. 한 세기 만에 인간은 정말 놀라운 힘의 소통 시스템들을 발명한 겁니다. 정말 매료될 만하지요. 하지만 본래적으로 인간은 변하지 않았습니다.

나치 독일을 피해 독일의 철학자와 사회학자들이 미국으로 향했을 때, 프랑크푸르트 학파는 기술 이념 뒤에서 세상의 합리화 과정에 주목한 첫 번째 학파였습니다. 서양의 힘은 합리적이라는 데 있지만, 또한 모든 것을 합리적으로만 보고 합리성 이외의 것은 이해하려 들지 않는 데 약점이 있습니다. 이런 이유로 사람들은 모든 종교의 회귀를 짜증을 내면서가 아니라 즐겁게 관찰하고 있는 겁니다. 프랑스 같은 나라에서 불교가 성장하는 것은 굉장한 현상입니다. 우리가 관심을 보이기에는 그 어떤 것도 우리의 합리화 모델에 맞지 않는다는 의미에서 말이죠. 이것은 사람이 합리적일수록 그 상대성을 위해서 다른 시스템을 찾는다는 사실을 의미합니다.

본질은 타자성을 보존하는 것입니다. 그게 정신분석학, 사회학 또는 인류학의 중심을 이루는 생각입니다. 같은 쪽에 머무는 것, 그것은 순응주의와 전체주의의 위험에 빠지는 겁니다. 그리고 기술 이념은 그 가운데 하나의 표현인 거죠. 우리가 종교전쟁의 이름으로 서로를 죽일 때, 스페인인들이나 포르투갈인들이 라틴아메리카의 인디언들을 학살했을 때, 그건 그들이 자신들과 다르다는 이유에서였습니다. 6세기 전의 종교 전체주의는 타자를 완전히 배제하는, 오직 동일한 것이었습니다. 민주주의는 필연적으로 타자성을 인정하는 쪽에 자리를 잡습니다. 정기적인 교류를 받아들이기 때문이지요. 소통의 과정에 대해서도 마찬가집니다. 소통한다는 것은 함께 말하는 두 사람이 단지 같지 않을 뿐만 아니라 서로 이해하지 못할 수도 있다는 사실 또한 인정하는 것입니다. 이 사실을 받아들인다는 것이 적어도 메시지만큼이나 중요하다는 것이죠. 민주주의의 진보는 타자성을 인정하는 것입니다. 불행히도 소통의 분야는 현재 이 복합성에서 벗어나 있습니다.

반대로 이 복합성의 중요성은 우리가 유전공학의 위험성을 다룰 때 더 커집니다. 저는 십 년 동안 전국 윤리 자문위원회의 위원이었습니다. 전 게놈의 미래와 유전적인 생성에 연결된 위험에 관해 크게 걱정하지는 않습니다. '정치적 감시', 또한 이념적이고 종교적인 감시가 있기 때문이지요. 유전자조작으로 어떤 한계를 넘는 위험이 있을 시 곧바로 모든 경보등이 적색으로 바뀝니다. 과학계는 도덕적이고 지적인 권력기관처럼 모순을 내부화했습니다. 대신 세계화 속에서 소통을 위해서 그렇게 된 건 하나도 없었습니다. 어떤 장벽도 없었어요. 현재 우리는 기술 이데올로기 안에 잠겨 있습니다. 장벽이 적을수록 우리는 우리가 더욱더 진보해 간다고 믿는 거죠. 우리가 장벽이 필요하다고 말할수록 우리는 거기서 진보에 대한 불신을 더욱 많이 보게 되는 겁니다! 우리는 좀 순진하게 소통 기술을 진보라고 식별했습니다. 하지만 커뮤니케이션 기술의 발전은 소통의 진보는 물론, 사회 혹은 정치의 진보도 아닙니다. 마치 지난 세기의 정치적 이상향이 소통의 기술 이데올로기로 대체된 것과 같습니다. 실제적으로 인간적이고 사회적인 조건의 복잡한 문제로부터 기술의 진보를 분리하는 데 이르러야만 합니다. 기술 이데올로기가 가진 힘의 증거요? 그건 30년 전부터 기술의 진보와 함께 더 강화되었습니다.

장 비야르 – 속도에 대한 볼통 씨의 분석에는 전적으로 동감합니다. 하지만 시간의 측면을 보면 수명이 연장되었고 노동 시간은 줄었습니다. 사람들이 인터넷으로 서로서로 소통하며 보내는 시간은 계속 증가하고 있습니다. 보리스 시륄닉(Boris Cyrulnik)은 우리가 제1차 세계대전 이전보다 네 배는 더 많이 사랑을 나눈다고 했습니다. 이건 우리 사회의 여러 가지 발전 가운데 하나의 지표 아닙니까?

스테판 파올리 – 그게 가장 나쁜 건 아닙니다.

장 비야르 – 부인할 수 없는 건, 바로 우리 사회에서 노동의 장이 완전히 변했다는 겁니다. 결국 텔레비전이 우리 시간을 뺏는 건 고작 20퍼센트입니다. 여기서 제가 말하고자 하는 것은 우리 각자가 우리 사이에 관계를 맺는 데 전보다 더 많은 시간을 투자한다는 겁니다. 이 말이 볼통 씨 말씀과 모순이 되지는 않지만, 볼통 씨 말씀을 들으면 우리의 삶 전체가 속도에 흡수당했다고 생각할 수도 있는 것 같습니다. 제 생각엔 우리가 느림의 장도 만들었다고 봅니다. 그건 종교, 명상 또는 더 단순하게 일요일에 가족끼리 모여 하는 식사가 될 수도 있겠지요. 우리 일상의 사회적 구조 속에서 각자가 관계의 공간들을 다시 만들지 않을까요?

도미니크 볼통 - 전적으로 동의합니다. 말씀하신 바는 분명히 모순이 있고 그것이 우리를 만드는 데 기여한다는 사실을 잘 나타내 줍니다. 우리는 겉으로는 합리화와 효율성의 모델 속에 살고 있습니다. 동시에 연장된 생명은 함께 보내는 느린 순간들에 대한 열망을 재개합니다. 자유로운 시간이 많을수록 더 오래 살 수 있고 다른 사람의 문제는 대단히 중요해집니다. 왜 그럴까요? 그건 사랑의 문제이기 때문이지요. 결국 소통에서 우리가 찾는 게 뭘까요? 당신을 이해하고 당신을 사랑하는 누군가가 아니겠습니까. 현실에서는 무척 드문 일이지요.

소통은 우선 당신이 세상에 태어났을 때 이 지구상에서 당신을 환영해 준 목소리입니다. 그건 또 끝까지 당신을 붙잡아 줄 목소리나 손 같은 것이죠. 자주 죽음에 맞서면 고독이 끔찍하지요. 결국 우리가 소통에서 찾는 것, 그것은 사랑입니다. 우리는 왜 끊임없이 새 도구들을 살까요? 우리는 왜 더 많은 시간을 소통하는 데 보내고 있을까요? 우리가 찾는 걸 못 찾기 때문입니다. 다시 말하면 분신이죠. 매번 새로운 기술을 대할 때마다 우리는 이번 것은 딱 맞는 거라고 생각합니다.

계속되는 기술 진보에도 불구하고 어떤 기술도 예전 것을 없애지 못하는 사실에 주목해야 합니다. 책이나 신문은 대체되지 않았습니다. 라디오, 텔레비전, 컴퓨터, 휴대전화도 모두 마찬가지입니다. 이 모든 것이 덧붙여지는 겁니다. 우리가 기술적인 '소통' 속에서 해답을 찾으리라고 생각하는 만큼 인간적인 '소통'을 정말 많이 '놓치고' 있는 거죠. 우리는 표현하고 실패하고 만회하고, 계속 그런 식이죠. 결과요? 우리는 소통하기 위해서 점점 더 많은 시간을 점점 더 많은 기술과 보내고 있습니다. 안될 게 없지요. 가장 중요하고 가장 어려운 직접적인 교류의 시간은 빼고 말입니다.

우리가 더 합리적이고 더 유능할수록 우리는 인간관계에서 '더 많은 시간 낭비'를 하게 될 겁니다. 소통의 문제는 결국 바로 '어디에 나를 사랑하는 누군가가 있는가?' 하는 겁니다. 모두가 온 세상에 이 질문을 소리 높여 던지고 있는 겁니다. 하지만 그 메아리는 정말 작은 소리인 거죠. 그래서 사람들이 자신들의 자유를 단언할수록 점점 더 자리를 차지하는 인간적인 문제들 가운데 하나가 바로 소통이라는 겁니다. 바로 그래서 전 현실을 숨기는 가면 같은 기술 이데올로기에 대해 비판적입니다. 하지만 소통의 인류학적인 필요에 대해서는 낙관적입니다. 결국 기술적인 소통이 아니라 시간이 많이 걸리는, 예를 들면 부엌 가꾸기나 점심 식사 같은 인간적인 소통의 재발견에 대해 말씀하신 건 옳습니다. 완벽하게 도구를 갖춘 합리적인 남자나 여자가 운동을 하느라 시간을 허비하며, 기괴한 가구를 조립하는 데 시간을 낭비하고, 정원에서 튤립이 싹을 틔우고 꽃피는 걸 애정을 갖고 들여다보며 시간을 보내고, 열두 시간이나 요리를 하느라 냄비를 휘젓고, 정신과에 가면서 시간을 보낼 겁니다.

만약 사람이 직접 파를 재배하고 여러 시간 동안 차를 조립하고 뜨개질을 할 필요가 있다면 이건 수백 통의 메일을 읽고 컴퓨터 앞에서 보내는 몇 시간이 그에겐 충분하지 않다는 것을 의미합니다. 다시 한 번 말씀 드리지만 균형을 찾는 것이 문제입니다. 정보 기술과 나머지 것들 사이에서 고르는 것이 문제가 아닙니다. 중요한 건 복합성이지 기술적인 일차원성이 아닙니다. 일차원적인 세상, 바로 그게 적입니다!

스테판 파올리 — 지나친 낙관론을 피하기 위해서는 복합성과 재분배에 대한 문제의식을 가져야 된다는 말씀이시죠. 그럼 저는 다시 정치와 소통이라는 주제로 돌아가겠습니다. 가까운 미래에 실제적으로 모두가 공유할 수 있는 커뮤니케이션을 구현할 정치적 의지가 있습니까? 말하자면 모두가 접속할 수 있는 소통 말입니다. 사실 갈등이나 평화는 결국 모두가 접속할 수 있느냐 없느냐에 달려 있지 않을까요?

도미니크 볼통 - 네, 물론입니다. 하지만 한 가지 다행스러운 것은 소통에의 접속 가능성과 관련한 불평등이 너무 확연해서 이젠 못 본 척할 수가 없다는 것입니다. 이전엔 오직 소수만이 여행을 할 수 있었습니다. 즉 대다수의 보통 사람들은 세상의 불평등을 보지 못했죠. 하지만 지금은 모든 사람들이 모든 것을 보고, 듣고, 압니다. 바로 수많은 라디오와 텔레비전, 신문, 컴퓨터 덕분이죠. 이젠 모든 사람들이 불평등을 볼 수 있게 되었습니다. 여기서 중요한 것은 이러한 사회, 경제적인 불평등은 물론, 소통 수단에 접근하는 불평등을 줄여야 한다는 점입니다. 아울러 종종 이런 경우가 발생하는데, 휴대전화와 텔레비전, 컴퓨터의 세계에서 힘을 겨루는 한 나라가, 자신들의 기술이 더 발전했다는 이유로 자신들의 문화와 지식을 더 우월하다고 믿거나 보아서는 안 된다는 것입니다. 이것이 바로 기술 만능주의인데, 이 배후엔 정보산업의 음모가 있습니다. 미국인들이 자신들이야말로 문화적 다양성의 상징인데도 문화 다양성 협약에 적대적인 이유는 문화 다양성이 받아들여지는 그 순간

전 세계적 수준의 문화, 커뮤니케이션 산업의 집중에 대한 의문을 제기해야 한다는 사실을 완전하게 이해하고 있기 때문입니다. 아시다시피 바로 그 미국인들이 현재 전 세계 문화, 커뮤니케이션 산업의 3분의 2를 장악하고 있습니다. 재분배가 필요합니다. 여기에는 또한 두 가지 문제가 있는데, 하나는 접근에의 문제이고, 두 번째가 특히 중요한데, 그것은 바로 문화, 커뮤니케이션 산업의 집중과 제어에 관한 문제입니다. 미국인들은 문화와 커뮤니케이션 산업이 자신들의 주요 수출품이라는 사실을 자각하고 있기 때문에 이러한 집중을 바꾸려는 생각이 추호도 없습니다. 당연한 거죠. 텔레비전 프로그램에서부터 소프트웨어, 검색 엔진과 영화, 정보 채널에서 인터넷까지 모두요. 그러나 미국인들은 아마도 자신들의 '생활양식'이나 '사고방식', 심지어 자신들의 '문화적 파워'를 강요하면 할수록 타자들의 정체성 요구 문제를 야기한다는 것을 납득하지 못하는 것 같습니다. 처음에는 전 세계인들이 모두 구글을 원하지만, 조금 시간이 지나면 일부는 이렇게 물을 것입니다. '우리도 그 안에 있어?'

그때부터 언어 간의 갈등이 다시 등장할 것입니다. 왜냐하면 사람들은 영어나 힌디어, 중국어 또는 불어 등 한 가지 방식으로만 사고하지 않기 때문입니다. 언어는 자기 세계의 비전을 나타냅니다. 언어 간 갈등은 세계 비전 간의 충돌입니다.

스테판 파올리 - 구글의 세계적 비전은 구글에 의해 독점적으로 지배되는 세계 아닐까요?

도미니크 볼통 - 바로 그 이유 때문에 문화와 커뮤니케이션 산업들이 미래의 정치적 갈등에서 핵심이 될 것입니다. 정보와 소통은 미래의 평화와 갈등을 결정짓는 핵심 축으로, 이것은 환경문제 다음가는 중요한 문제입니다. 소통은 모든 사람이 모든 것을 다 보는 좁아진 세상에서 평화와 갈등을 결정짓는 문제가 될 것입니다. 또한 이것은 인류와 문화, 사회 그리고 종교의 공존에 관한 문제이기도 하지요.

이것은 또한 모순이기도 합니다. 동서양의 갈등이 끝나면서 사람들은 자신들이 다원적인 세상에서 살고 있다고 이해하기 시작했는데, 바로 그 순간에 전 세계의 구글화가 시작된 것이죠. 한쪽에서 우리는 다원주의를 발견했는데, 다른 한쪽에서는 새로운 합리화와 표준화를 만들기 시작했던 겁니다. 바로 이러한 이유 때문에 우리는 그 유명한 2005년 10월 21일 유네스코 협정에 환호하는 것입니다. 유네스코 협정이 '미스터 구글'

의 반대 명제였는데도 기적적으로 채택되어서 사실 의아하기도 합니다. 60억이 넘는 전 세계인들에게 컴퓨터 한 대와 구글, 마이크로소프트, 그리고 야후 같은 미국의 문화 지배 상징들을 준다 해도 그것은 문화적 다양성의 문제를 바꾸지는 못합니다. 왜냐하면 우리가 똑같은 도구를 쓴다고 해서 똑같은 방식으로 사고하는 것은 아니기 때문입니다.

세계화의 미래요? 그것은 다양성과 문화적 공존의 구조를 계산에 넣는 것입니다. 정치의 영역이지 기술의 문제는 아닙니다. 이것은 진정 어려운 도전이고, 아마도 환경의 문제보다 더 복잡할 것입니다.

그 어려움이란 사람들이 컴퓨터를 자기 두뇌의 복제물로 여기고, 컴퓨터에는 가장 덜 비판적인 태도를 보이는, 즉 컴퓨터를 신처럼 떠받드는 경향에 기인합니다. 여러분들은 지난 20년 동안의 기술 혁신에 대한 환호가 끝나고 이제 사람들은 컴퓨터를 완전히 평범한 것으로 취급할 것이라고 말합니다. 하지만 전 그렇게 생각하지 않습니다.

장 비야르 – 제 생각으로는 각 세대마다 그 세대를 특징짓는 문화가 있다고 생각합니다. 저희 세대는 자동차의 세대였는데, 당시 젊은이들에게 자동차는 기술의 상징이었죠. 물론 지금에야 빌려 쓰거나 잘 사지도 않지만요. 그 당시와 지금, 사람들이 자신의 자동차와 맺는 융합적 관계는 완전히 바뀌었습니다. 인터넷을 통해 세상에 들어온 새로운 세대들이 이전 세대와 똑같은 진화방식을 따를 것이라고는 생각지 않습니다. 이것은 단지 각 세대가 모든 기술적 혁신을 접했을 때 보이는 방식이 아닐까요? 처음에는 환호에서 시작해 점차 거리를 두다가, 결국엔 평범한 것으로 취급하는 것 말입니다.

도미니크 볼통 – 네, 단지 지난 30년 동안 기술과의 거리 두기를 만들어 내지 못했다는 것을 제외한다면 맞습니다. 실제는 기술의 끝없는 혁신으로 인해 정반대의 상황이 벌어진 것이죠. 이제 오로지 기술 혁신에의 환호만이 남았습니다. 지금의 젊은 세대에겐 정치적 유토피아가 없습니다. 1968년 학생 운동 세대들이 모든 정치적 이슈들을 장악해 버렸기 때문이죠. 그래서 그들은 일종의 '새로운 영역'이 되어 버린 정보와 소통의 기술 혁신으로 급선회한 것이죠. 이 분야야말로 그들에게 남겨진 유일한 영역이니까요. 이해할 만한 상황이죠. 이것이 아마도 아직까지 기술에 대한 거리 두기가 일어나지 않는 이유입니다. 하지만 거리 두기와 평범한 것으로 취급하기는 어느 순간 한꺼번에 일어날 것입니다. 동시에 인터넷 세대의 놀라운 유머 감각과 여러 분야의 지식에 대한 광대한 욕구 등은 인정해야만 할 것입니다. 우리는 이미 NGO나 환경문제에 참여한 그들을 보고 있고, 또 그들이 앞으로 또 다른 정치적 유토피아를 발견할 것이라는 사실을 의심치 않습니다. 아주 긍정적인 양상이죠. 인터넷 세대들은 국경이 없는, 음악의 전 세계적인 문화를 만든 겁니다. 세상의 모든 사회와 문화에 편재되어 있는 모든 종류의 음악에 의해 모든 타인들에게 개방된 음악. 이러한 음악이야말로 진정한 소통의 연결고리입니다.

장 비야르 - 프랑스가 탄생할 때 무슨 일이 벌어졌는지를 한번 살펴보기로 하죠. 프랑스는 부르타뉴 문화, 프로방스 문화 등 다른 문화들을 한데 묶었습니다. 그들의 문화를 포기하게 만들거나, 아예 깔아뭉개거나, 아니면 그들과 결혼하거나, 또는 그들 모두를 죽이는 방식으로 말입니다. 프랑스는 수백만의 과부들을 만들었지만, 11월 11일 현충일에 단 한 번도 그들에 대해 언급하지 않습니다. 우리는 어느 한순간 모두에게 똑같은 것을 건설한 거지요. 이러한 발전 과정에 의해 정당화된 공동체 모델이 과연 전 지구적 모델과 근본적으로 다를까요? 이러한 과정이 그 공동체를 전 세계적인 공동체로 발전시킨다는 논리, 쉽게 말해 11월 11일 현충일이 프랑스라는 한 공동체를 만들었다면, 다음과 같은 논리가 왜 완전히 터무니없는 것일까요? 즉 전 지구인이 공통으로 가지고 있는 무엇이, 예를 들어 컴퓨터나 인터넷이, 전 세계를 하나의 공동체로 만들 수도 있다는 논리 말이에요.

도미니크 볼통 - 당신의 견해가 두 개의 위대한 정치적 구상을 비교하게 만드네요. 두 가지 모두 평화로운 공존 체제를 조직하려고 시도하고 있는 구상이죠. 바로 유럽공동체와 프랑코포니(OIF, Organisation internationale de la Francophonie, 1967년 5월에 결성된 범 불어 사용권 국제기구―옮긴이)입니다. 프랑코포니는 같은 언어, 즉 불어를 사용하는 2억 명의 사람들, 가장 가난한 나라에서 가장 부유한 나라, 또는 북에서 남으로, 동에서 서로 모두 56개의 나라가 참여하고 있는 범 불어 사용권 국제기구입니다. 외교적 승리지만 공통의 가치를 공유하고 있는데도 창립은 쉽지 않았습니다. 하지만 유럽은 완전히 정반대입니다. 우리는 유럽공동체가 6개 나라에서 25개의 언어를 쓰는

27개의 나라로 지속적으로 확대되는 것을 보아 왔습니다. 다들 아시다시피 유럽은 쓰라린 폭력의 과거와 각기 상이한 이해관계를 가지고 있습니다. 그런데도 유럽인들은 지난 50년 동안 공통의 관심사를 만들어 낸 겁니다. 이 두 가지 모두 공존을 위한 위대한 정치적 구상과 관계가 있습니다. 프랑스에서는 공존이라는 표현을 별로 좋아하지 않는데 그것은 좌파와 우파 사이의 내부적 정치 경험, 1986년에서 1988년 사이의 미테랑 대통령과 시라크 당시 총리 사이의 좌-우파 정치 공존 때문입니다. 그러나 공존은 더 광범위하고 위대한 목적입니다. 공존하는 것은 참으로 어려운 문제지요. 그것은 타자, 타 문화, 타인에게 정체성이 존재하고 모두 평등하다는 사실을 인정하는 것이며, 그들이 우리와 다르게 사고한다는 것을 상호 용인하는 것입니다. 이것은 또한 공존의 또 다른 관점을 내면 깊숙이 받아들이는 커다란 공동 목표를 건설하려는 의지인 것이죠.

유럽의 경우, 공동의 목표를 건설하고, 각 문화 간의 상이함을 극복하는 데 무려 5천만 명(제2차 세계대전의 사망자 수)의 희생자가 필요했으며, 한 걸음 한 걸음 천천히 그 목표에 도달하는 데 무려 60년이 걸렸습니다. 어쩌면 유럽은 너무 신중했는지도 모릅니다. 하지만 우리가 지나온 길을 되돌아보면 당연한 일이었습니다. 유럽은 경제 분야부터 시작했는데, 그것은 더 복잡한 정치나 문화 분야를 먼저, 또는 너무 많이 다루지 않으려는 결정이었습니다. 서로 상이한 정치와 문화가 충돌하는 것을 막으려는 탁월한 선택이었죠. 사실상 타자성을 배우는 것은 굉장히 어렵고 오래 걸리는 일입니다. 서로 다른 정치와 문화를 이해하는 것도 각고의 노력이 필요한 것과 마찬가지고요. 짧은 시간 내에 거둔 유럽공동체의 성공은 대단히 예외적인 것입니다. 만약 이 위대한 구상이 성공한다면, 라틴아메리카도 자신들 고유의 절차를 만들어 유럽의 뒤를 따를 것입니다. 또한 여세를 몰아 중동과 아프리카, 아시아에도 희망을 줄 겁니다. 유럽인들은 지난 19세기와 20세기 동안 서로 죽이고 학살했습니다. 그러나 21세기엔 공존의 또 다른 모델을 만들어 보임으로써 아마도 다시 역사의 진보자가 될 수 있을 것입니다. 우리 유럽인들은 과학과 기술, 인권과 기독교라는 공통분모를 가지고 있으면서도 또한 완전히 다릅니다. 만약 이런 유럽인들이 공존할 수 있다면, 이는 다른 세계를 위해서도 희망적인 교훈이 될 것입니다. 증오로부터 벗어나 공존할 수 있다는 메시지는 굉장한 희망을 불러일으킵니다. 작고 부서지기 쉬운 21세기의 이 세상을 위해 이 얼마나 훌륭한 생각입니까?

스테판 파올리 - 자, 이제 우리가 너무나 잘 알고 있는 공통의 역사, 인간적 발전 단계로 펼쳐지는 역사를 벗어나, 볼통 씨가 묘사한 쪽으로 주제를 옮겨 보죠. 볼통 씨가 말한 역사의 가속, 즉 포스트-인류의 문제로 우리를 이끄는 정당한 문제 제기 말입니다. 먼저 세포와 세포 사이의 정보 교환일 뿐인 신경과학과 생물학의 단초들로 되돌아가 봅시다. 이러한 것들은 앞으로 우리가 사용할 차세대 기술 혁신을 구성하는 요소들이 될 텐데요. 예를 들어 RFID 같은 기술은 벌써 사용을 하고 있습니다. 따라서 볼통 씨가 언급한 타자성 문제는 알베르 카뮈와 그의 작품들을 떠올리게 합니다. 카뮈는 인류의 문제와 더불어 인류와 기술 간의 관계 문제를 제기했는데요. 인류를 위한 기술적인 문제가 환경의 문제보다 인류에게 더 중요한 것인가요?

도미니크 볼통 - 네, 맞습니다. 단 한 가지 다른 점이 있습니다. 우리가 이야기하고 있는 기술은 정신의 기술, 즉 기술을 바라보는 우리의 방식입니다. 물질과 자연을 정복한 후 우리는 이제 정신의 기술과 맞닥뜨렸습니다. 기술에 대해서는 비판적인 정신을 갖기가 매우 어려운데, 이것은 이러한 기술들이 우리 두뇌의 보완품 내지 복사물로 여겨지기 때문입니다. 그래서 과거의 기술 이데올로기는 현재의 기술 이데올로기에 비해 결코 강했던 적이 없었습니다.

제가 설립한 프랑스 국립 과학연구센터(CNRS) 산하 소통과학연구소에서는 지난 60년 동안 정보와 소통의 개념이 지식 분야와 어떻게 충돌했는지를 연구하기 위해 비교 인식론 작업을 이끌고 있습니다. 우리는 정보 통신 기술이 어떻게 진보의 상징으로 여겨지는지, 또 우리 사회를 왜 지식 기반 사회라고 부르는지를 이해하려고 노력하고 있습니다. 수신자의 증가가 어떻게 정보의 진화 과정을 변화시킬까요? 또 정보 통신이 학과 기술, 사회, 특히 전문가 양성과 환경, 지구 온난화 같은 범지구적인 논쟁과 관련된 문제 사이의 관계를 어떻게 바꿀 수 있을까요? 우리들 사이에 토론을 요하는 질문들이 너무도 많습니다.

스테판 파올리 - 그렇기는 하지만 정보 통신은 모두가 사용할 수 있는 것은 아닙니다. 또한 나노 기술과 신경과학 속의 극도로 정교하고 까다로운 영역에는 전 세계 사회를 분열과 반목으로 이끌 위험한 문제들이 있습니다. 예를 들어 인간 복제 같은 것들이죠. 이러한 위험은 이전에는 알지 못했던 것들이죠.

도미니크 볼통 - 과학적, 기술적 진보는 1830년 이후 모든 진보와 불평등의 구성요소였으며, 이 두 가지는 서로 연결되어 있습니다. 여기서 두 가지 사실에 주의해야 합니다. 대개의 사람들이 생각하는 것과는 반대인데, 기술이 종종 과학을 앞서가는 것과 마찬가지로, 모든 기술적인 혁신이 성공적이었던 것은 아닙니다. 몇몇 혁신적인 기술들은 적용 대상을 찾지 못했습니다. 혁신적인 정보 시스템은 우리의 인식 능력을 배가시켰기 때문에 환영받았지만, 아울러 사람들이 너무 많은 것을 오로지 그것에 의존하기 때문에 우려를 자아내고 있습니다. 마침내 사람들은 자기 스스로 모든 것을 할 수 있게 만들고, 스스로의 한계나 자신들의 기술에 얽매이지 않게 해 주는 합리적인 수단을 갖게 되었다고 여겼습니다. 과학적, 기술적 진보가 무엇이든 간에, 중요한 문제는 사람들이 이러한 기술로 자신을 위해 할 수 있는 것이 무엇인가를 아는 게 아닙니다. 그보다는 이러한 기술들로 타자들과 무엇을 같이 할 수 있는가의 문제일 것입니다.

저는 지난 30여 년 동안 소통을 연구해 왔습니다. 그것은 어린 시절부터 하나의 역사적 사실에 매혹되었기 때문인데요, 그것은 바로 '문명의 끝은 전쟁이다'였습니다. 그리고 언제나 똑같은 질문 하나가 남았습니다. 그럼 전쟁과 갈등을 피하기 위해

선 무엇을 해야 하는가? 저는 언제나 기술 시스템, 특히 소통의 문제에 매혹되었는데, 그것은 어떤 조건이 과연 파멸적인 전쟁이나 충돌을 막는 데 기여할 수 있는지를 이해할 수 있도록 도와주었기 때문입니다. 제가 강조하고 싶은 것은 소통은 정치적인 문제이지 기술의 문제가 아니라는 것입니다.

스테판 파올리 - 타자의 문제는 어떻게 생각하십니까? 그것은 공유와 관련된 문제이며, 정치 사회적인 결정일 텐데요.

도미니크 볼통 - 타자는 동시에 공유하고 공존, 공생하는 것입니다. 지금 세상에선 두 가지 철학이 서로 대립하고 있습니다. 하나는 소수의 의견으로, 소통의 정치적 결정을 지지하며, 인류애의 문제를 제기하는 철학이고, 다른 하나는 대다수의 의견으로, 기술과 경제의 발전으로 타자의 문제가 해결될 것이라는 비전을 높게 사는 부류입니다. 불행히도 지금은 두 번째의 의견이 주류를 이루고 있습니다. 하지만 저는 기술과 경제적인 비전에 의한 상호 이해라는 환상에 대해 공존의 문제를 제기하고 싶습니다. 공존은 소통의 목적이 비소통을 극복하는 것이고, 서로 관용하기 위해서는 정치적 노력이 필요하다는 사실을 인정하는 것입니다. 어쨌든 우리는 희망을 가질 수 있으며, 우리와 다른 타자들과 협상하고 공존하는 데 노력을 기울여야 할 것입니다. 이런 이유 때문에 소통은 인류학의 진정한 관심 분야인 것입니다.

장 비야르 — 소재를 바꿔 볼까요? 아주 오랫동안 타자의 존재는 중요한 문제가 아니었습니다. 마르코 폴로 시절 중국인들의 존재는 프랑스 농부들에겐 관심 밖의 문제였습니다.

도미니크 볼통 — 왜냐하면 그들을 볼 수도, 알지도 못했기 때문입니다.

장 비야르 — 우리 시대에 일어나는 놀라운 일은 우리가 비록 작고 제한된 지구에 살고 있는데도 우주의 거대함 안에서 자연을 인식하기 시작했다는 것입니다. 초기에는 이 새로운 목적이 비극적인 것으로 여겨지지 않았습니다. 매번 영역을 옮길 때마다 인류는 새로운 영역을 발견했습니다. 크리스토퍼 콜럼버스가 서인도제도인들을 학살하면서 했던 것처럼요. 그 전과 다른 점이라고는 이제 인류가 자신들이 한정된 지구 위에서 살고 있다고 인식하기 시작했다는 것입니다. 또한 타자와의 관계의 문제에 대해서도, 우리 집에 살고 있는 타자들에 대해서도 말입니다.

스테판 파올리 ― 비야르 씨가 말한 것은 프랑스 농민은 마르코 폴로도 중국도 알지 못했지만, 중국에 가기 위해 마르코 폴로와 동행하는 긴 여행 기간에 이 여행의 의미를 자문해 보는 시간을 가졌다는 뜻이겠죠.

도미니크 볼통 ― 맞는 말씀입니다. 겉으로 보기에 인류는 비행기라든지, 라디오, 텔레비전과 인터넷 등의 도움으로 시간을 정복할 수 있었습니다. 특히 휴대전화는 우리가 시간과 공간 모두를 정복할 수 있도록 도왔지요. 하지만 휴대전화에 대한 문제를 제기하자면, 우리가 대부분의 시간에 휴대전화로 하는 일이라곤 '너, 지금 어디 있어?' 따위입니다. 이것은 우리가 사랑하는 사람을 특정 공간 안에 위치시키는 방법이죠. 하지만 이것은 우리가 정복할 수도 무시할 수도 없는 문제를 남기는데요. 그것은 바로 표준 시간대의 문제입니다. 이것은 지리학과 기후학과도 연관되어 있는데, 실제로 우리는 겉보기와는 달리 시간도 공간도 초월하지 못합니다. 장거리 비행을 해 보면 모두가 알 수 있는 사실이죠.

스테판 파올리 - 그럼 당신은 지금 광범위하게 퍼져 있는 우리 시대의 예언, 즉 기후에 영향을 미치는 기술의 과도한 사용이 결국 기후변화를 야기했다는 이론에 동의하시나요?

도미니크 볼통 - 네, 동의합니다. 한 가지 예외가 있다면 기후가 다시 우리에게 자신이 존재하고 있다는 사실을 상기시킬 것이라는 점입니다. 마치 시간이 우리가 늙어 가는 동안 자신의 존재를 우리에게 기억시키듯 말입니다. 정보 기술은 우리들에게 영원불변의 환상을 심어 줍니다. 왜냐하면 우리는 주어진 모든 토대에 도달할 수 있고, 사무실이나 자동차 안에서도 위키피디아 안을 돌아다닐 수 있고, 동시에 세상의 모든 곳에 존재할 수 있게 되었기 때문이죠. 하지만 필연적으로 시간은 흐르고, 어느 순간에 사람들은 늙고, 결국 시간이 우리를 따라잡게 됩니다. 정보는 영웅적이지만, 소통은 교육적입니다. 처음에 우리는 가공할 힘을 소유한 것처럼 느낍니다. 하지만 차츰 그 힘이 제한적이고, 또 우리는 죽을 운명이라는 것을 인식하게 되죠.

장 비야르 - 지난 한 세기 동안 인류의 평균 수명이 40퍼센트나 늘어났습니다. 그만큼 잉여 시간이 생겼다는 것이죠. 물론 죽음의 공포가 사람들을 괴롭히기는 하지만 이러한 진보의 충격은 우리들의 삶에도 실제적이지 않습니까?

도미니크 볼통 - 인구 통계학적인 측면에서는 맞는 말입니다. 하지만 문제는 또 다른 차원입니다. 사람들은 늙어 가고 있는 동안, 그래서 더 이상 속도를 감당할 수 없는 동안에도 현대화와 속도에 의해 규정된 모순들과 지속적으로 대면합니다. 우리는 매일 시간을 얻지만 어느 순간에 가면 시간은 더 이상 어떤 중요성도 갖지 못합니다. 젊음에 대한 숭배와 늙은이들의 이기주의가 어떻게 타협할 수 있을까요? 이러한 전후 관계 속에서 어떻게 세대 간의 연결 가교를 찾을 수 있을까요? 세상은 젊은 사람들과 늙은 사람들이 섞여 있는 곳입니다. 젊음은 창조와 이상향이라는 대체할 수 없는 장점을 가지고 있습니다. 늙은 사람들이 종종 좌절하고, 스스로 닫혀 있을 때에도 젊은 사람들은 시간에 대한 관념이 없습니다. 사람들이 점점 더 오래 사는, 그래서 점점 보수적이 되어 가는 사회가 과연 어떤 값어치가 있을까요? 특히 나눔과 초월, 관용과 광기의 능력, 이상향,

비평을 언제나 필요로 하는 이때에 말이죠.

스테판 파올리 - 이 대화가 시작된 이후로 계속 타자의 문제를 언급하고 계신데요. 그럼 볼통 씨는 이 문제가 인류 역사의 가장 본질적인 문제라고 생각하시나요? 그리고 우리가 기술을 통해서 인류의 새로운 시대에 도달했고, 소통과 역사의 놀라운 가속에 의해 오늘날에 이르렀다는 점을 고려하고 계신가요? 전 개인적으로 에드가 모랭의 이론 '노오스페르(Noosphère, 모든 사고, 인식, 지식이 있는 정신적인 이상향—옮긴이)'가 생각납니다만, 우리들은 집단적으로 다르게 생각하고, 다르게 소통하는 것인가요?

도미니크 볼통 - 프랑스에서 커뮤니케이션에 관한 이론은 두 명의 학자에 의해 제기되었습니다. 오늘날에는 잊혀진 철학자 조지 프리드만은 노동의 사회학과 커뮤니케이션에 관한 연구를 프랑스에 소개했고, 유명한 에드가 모랭은 여전히 사회에 관한 탐구에서부터 생물학, 그리고 미시 무한대에서 거시 무한대 연구 사이를 오가는 천재성과 에너지, 힘을 갖고 있습니다. 저는 제 자신이 그들 이론의 직계 후계라고 생각합니다. 또한 이

외에도 많습니다. 쟈크 엘륄, 로베르 에스카르피, 피에르 쉐퍼르 등이 있죠. 게다가 우리는 국립 과학연구센터(CNRS)의 연구지 「헤르메스」를 통해 여러 번에 걸쳐 이 문제를 다루었습니다. 「정보와 소통과학(38호 2004년)」 「소통과학의 잃어버린 뿌리(48호 2007년)」 「번역과 세계화(49호 2007년)」 등이 그것이죠. 더불어 동시대의 문제를 다룬 몇몇 호에도 이에 관한 연구가 실려 있습니다. 「순수 디지털 비판(39호 2004년)」 「지식 사회의 구조(45호 2006년)」 「네트워크의 기원(53호 2009년)」 등등이지요.

인본주의적인 물음이 없는 과학적 진보는 아무런 가치가 없습니다. 과학의 역사에서는 긍정주의와 이성이라는 이름으로 모든 인본주의를 내던진 과학자들과, 예술도 종교도 없는 합리성을 고발하는 사람들 사이의 세대 간 반목이 언제나 존재했습니다. 이 거대한 논쟁은 과학자들 사이에서 결코 멈추지 않을 것입니다. 오늘날 다른 점이 있다면, 과학이 이 논쟁을 사회의 한 부분으로 만들었다는 것입니다. 이젠 이 논쟁에 모든 사람들이 참여할 수 있게 되었습니다.

질문하신 주제로 돌아가겠습니다. 예. 새로운 시대 맞습니다. 하지만 우리가 타자를 우리의 동반자로, 그들을 우리와 똑같은 지적 존재로 이해할 수 있을 때 진정 새로운 시대가 열릴 것입니다. 만약 세계화가 카메룬의 농부도 MIT의 생물학자만큼 지적이고 학식 있다는 것을 우리에게 인식시켜 준다면 그것은 위대한 승리가 될 것입니다. 환경문제에서의 승리 다음가는 두 번째 승리이겠죠.

하지만 지금 당장은 서양의 부자 나라들이 다른 나라들을 충분히 이해하지 못하고, 게다가 종종 그들보다 더 우월하다고 믿고 있습니다. 문명화의 명목으로 무겁게 짓눌린 브라질, 러시아, 인도, 중국 같은 나라들의 G20 통합과 세계 모든 나라에 경제적 확대를 강요하는 최근의 금융 위기 등은 상호 비전의 변화를 요구하는 계기가 될 것입니다. 열 개도 되지 않는 나라(서구 경제 대국)가 세상을 관리하는 세계화는 생각하기 어렵습니다. 우리 서구인들은 보편주의를 개발했지만 지난 150년 동안 서양주의와 보편주의를 혼동하기까지 했습니다. 물론 몇 번의 연속적인 패배로 다소 겸손해지기는 했지만요. 문화 정체성의 척도로서 보편주의를 다시 건설하는 데 기여해야 할 사람들은 바로 서구인들입니다. 보편주의의 문제 제기는 전혀 힘을 잃지 않았습니다. 다만 최근에 더 복잡해졌는데, 그것은 공존해야 할, 그리고 존중해 줘야 할 사람이 더 많아졌기 때문입니다.

장 비야르 – 베를린의 장벽이 붕괴되었을 때 바클라브 하벨이 말했습니다. "당연히 서유럽인들은 공산주의의 몰락에 기뻐할 것이다. 그러나 그들은 붕괴된 것이 단지 공산주의만이 아니라는 사실을 인식하지 못하고 있다. 공산주의가 무너짐으로써 공산주의의 서구식 대립 모델로서 확고히 발전하던 자본주의의 경제적, 관리적 비전도 동시에 붕괴되었다." 이것이 지금 우리가 살고 있는 세상입니다. 사실 서유럽은 지난 30년 동안 자신들이 승리했다고 생각하며 행복하게 살았습니다. 하지만 사실은 서유럽은 서유럽 식대로 동유럽은 동유럽 식대로 잘 살았던 거죠. 그러나 그 30년 동안 공산주의의 붕괴와 더불어 두 진영에서 공유하던 공통의 토대가 붕괴되고 있었습니다.

도미니크 볼통 – 그것이 바로 제가 1993년 마스트리히트 조약 이후에 쓴 책 『마지막 유토피아: 민주주의 유럽의 탄생』에서 말했던 것입니다. 지금 동유럽은 기술관료주의에서 민주주의로 옮겨 가고 있기 때문에 사람들에게 고위 관료들의 빈자리를 내주어야 했습니다. 특히 그들도 일상생활의 지식이 아닌 과학과 학문, 이론 분야에서 얻은 지식을 가지고 있다는 것을 인정해야 했습니다. 그러나 현실에서 우리는 유럽 의회 선출을 위해 보통선거를 실시한 것을 제외하고는 별로 한 일이 없습니다. 그 결과는 바로 우리가 중요성을 과소평가한, 특히 1930년대의 전체주의처럼 분석한, 반 유럽 대중 영합주의의 불편한 등장이 었습니다. 1989년 베를린 장벽의 붕괴는 지난 60년 동안 동유럽인들의 지식과 용기를 경시했던 서유럽인들로 하여금 중부와 동부 유럽 국가들을 다시 환영하도록 강요했습니다. 우리들은 베를린 장벽이 언제나 거기에, 적어도 오랫동안 거기에 있었다고 잘못 알고 있었고, 그래서 그들을 잊고 있었던 것이죠.

더불어 한 가지 언급할 게 있습니다. 지난 1980년대 초, 책을 쓰기 위해 레이몽 아롱과 토론할 때마다 그분은 자신의 동유럽 동료에 대해 끝없이 언급하곤 했습니다. 베를린 장벽과 함께 태어난 저는 그분이 왜 사라진 세계에 그토록 큰 애착을 갖고 있는지 의아했습니다. 하지만 그분이 옳았습니다. 지식과 학문 분야에서 서유럽과 동유럽은 그 연결 관계를 결코 단절한 적이 없었습니다. 오히려 그 반대로 그러한 교류를 동서를 가로막는 장벽과 싸우기 위한 방법으로 여겼던 것이지요. 그러나 장벽이 붕괴된 후, 동유럽 지식인들은 더 이상 호기심이나 감탄의 대상이 되지 못했습니다. 이러한 동유럽인들은 두 개의 얼굴을 가지고 있습니다. 공산주의 시민이면서도 자신들 고유의 문화적 정체성은 지켰던 것이죠. 이것은 우리에게 한 가지 교훈을 줍니다. 마스트리히트 조약 이후 제가 『마지막 유토피아』란 책을 쓸 때, 저는 소수의 사람들과 함께 동유럽 문화와 역사의 재평가 작업을 주장했습니다. 당시엔 어느 누구도 신경을 쓰지 않았죠. 하지만 유럽공동체의 확장이 당연시되는 지금 이것은 우리가 시작해야 할 중대한 논쟁들 중 하나입니다.

재평가받지 못한 이러한 지식의 증거는 이름도 없이 불평등에 고통받는 또 다른 인류를 생각하게 합니다. 바로 이민자들입니다. 이민자는 미래 인류의 형상입니다. 왜냐하면 이민자는 적어도 두 개의 정체성을 가지고 있으니까요. 가난한 이민자는 자신의 언어와 정체성을 가지고 있는 사람입니다. 그런 그가 자신의 정체성으로부터 떨어져 나와 환영받지 못하는 곳으로 가고, 그곳에 적응하고, 그곳에서 일하고, 그곳의 편파적인 정체성을 받아들입니다. 특히나 이러한 중대한 노력은 불신이 증대되는 상황하에서 이루어진 것입니다. 우리는 우리 사회의 부를 쌓는 데 기여한 이런 가난한 이민자들에게 감사하거나, 두 정체성이 공존하는 법을 배우려고 노력하는 대신, 그들을 쫓아내고, 배 위에서 죽게 하고, 동물원의 짐승처럼 우리 안에 가뒀습니다. 이민자들은 인구가 2억 명인 제6의 대륙입니다. 지난 50년 동안, 아니 유사 이래로 모든 부자 나라들은 이민자들로부터 커다란 경제적 이득을 취하지 않았습니까? 그런 나라들이 이젠 사회 안정이란 이름으로 '불법 체류'와 '위험성'을 외치고 있습니다. 이민자들은 세계화의 시한폭탄입니다. 가난한 이민자는 전 지구적 특성의 하나로, 이민자를 받는 나라뿐만 아니라 이민자들을 보내는 나라를 비롯해 모든 나라들이 신경 쓰는 문제입니다. 하지만 이것은 커다란 위선입니다. 먼저, 이제 이민은 더 이상 항구적 정착을 목표로 삼지 않습니다. 이민자들은 몇 년간의 노동 후 자신들의 나라로 돌아가기를 원합니다. 게다가 최근의 이민은 가난한 남에서 부유한 북으로가 아니라 남에서 남으로 더 많이 이루어집니다. 또한 지난 5년간 그들이 본국으로 송금한 돈의 액수가 거의 두 배나 늘었는데, 2007년 기준으로 무려 2,400억 달러에 이릅니다. 이것은 UN 같은 국제기구의 원조 총액보다 많은 양입니다. 어찌 되었든 이민의 덕을 보는 나라는 가장 가난한 나라들은 아닙니다. 이민자 문제는 모든 정보를 다 가지고 있는데도 알고 싶어 하지 않고 보기를 거부하는 민감한 문제의 전형적인 예입니다. 편협한 사고와 편견, 타자에 대한 증오 그리고 잘못된 믿음 등에 의해 불가능해진 소통인 것이죠. 다름과 간격의 좋은 예인 이민자 문제는 정보와 소통 사이에서 부자연스럽게 떠다니고 있습니다.

장 비야르 - 우리는 그들 이민자들을 'sans-papier, 서류가 없는 사람, 즉 불법 이민자'라고 부릅니다. 물론 개중에는 불법 이민자들도 있습니다만, 대부분은 정식 이민자 또는 그들의 자손입니다. 그런데도 우리는 그들 모두를 불법 이민자 취급하며 그들의 존재를 부인하고 있습니다.

도미니크 볼통 - 개탄할 일입니다. 만약 우리가 이민자들에게 좀 더 인간적인 태도를 취하지 않는다면, 민주주의에 심각한 의문을 제기해야 할 것입니다. 마치 서유럽이 중부와 동부 유럽을 포괄하는 역사를 받아들일 준비가 되어 있지 않았을 때처럼 말입니다.

스테판 파올리 - 방금 전에 언급하신 세계 보편주의로 되돌아가 보죠. 우리 서구인들은 너무나 오랫동안 서양주의를 세계 보편주의로 여겼습니다. 아주 치명적인 혼동이었죠. 하지만 지금 우리는 신경세포적인 조직과 그물 같은 통신망으로 연결된 세상에 살고 있습니다. 그럼 여기서 헌팅턴이 문명 충돌 이론에서 말한 위험이 불행하게도 사실로 확인되는 것인가요? 사실은 획일적인 서구 세계화의 이론과 다름없는, 소위 보편주의라고 일컬어지는 이 개념이 그것에 반대하는 다른 세력을 만들지 않겠습니까? 그래서 우리는 문명과 문명 간 충돌의 위험을 내포하는 새로운 양극체제 안에 살게 된 것이 아닌가요?

장 비야르 – 사무엘 헌팅턴의 저서 『문명의 충돌』이 나왔을 때 볼통 씨는 헌팅턴의 이론이 너무 단선적이라고 비판하시지 않았나요?

도미니크 볼통 – 우회적인 표현을 써서 대답하겠습니다. 세계화가 진척되면 될수록 세상은 더욱 개방될 것입니다. 또한 그 개방과 더불어 소통이 일어날수록, 정체성의 문제가 더욱 크게 대두될 것입니다. 이 정체성의 개념을 평가절하하는 대신, 반대로 우리는 이 개념을 개방되고 세계화된 사회의 척도로서 숙고하고 재평가해야 할 것입니다. 만약 우리가 그렇게 하지 않는다면, 이 문제는 후에 부메랑이 되어 아주 폭력적인 방식으로 되돌아올 것입니다. 저는 정체성을 두 가지 형태로, 즉 타자를 인정하는 교류적인 정체성과 타자를 부정하는 거부의 정체성으로 분류합니다. 정체성을 재평가하는 것은 사민주의를 옹호하는 것도, 퇴각을 의미하는 것도 아닙니다. 오히려 반대로 세계화를 향해 우리를 개방하는 수단이 될 것입니다. 우리 스스로를 개방하기 위해서는 이러한 바탕이 필요합니다. 프랑스 사회를 예로 들면, 그들의 정체성을 부정하고 그들에게 프랑스 국가 정체성을 강요할수록, 그들은 자신들 고유의 문화 원류, 즉 그들의 언어와 문화, 종교를 고집할 겁니다. 결국 진정한 의미의 공동체 통합은 불가능해지는 것이죠.

하지만 여전히 모순이 남습니다. 우리들은 자칭 보편주의자라고 하면서도 타자들의 정체성은 인정하려 들지 않습니다. 우리가 그들의 정체성을 재평가하지 않는다면, 그것은 문명의 충돌로 이어질 겁니다. 정체성의 재평가만이 문명 간의 충돌을 막을 수 있습니다. 더구나 정체성의 인정은 문화의 다양성을 인정하는 것과 연관되어 있습니다. 이 둘은 언제나 함께 오니까요. 달리 말하자면 문화 다양성의 인정은 세계화의 과정에서 정체성의 역할을 인정하는 것이며, 문명 간 충돌을 막는 가장 좋은 방법입니다. 물론 문화 간의 갈등은 언제나 존재했습니다. 하지만 문화 다양성을 인정한다면 이것이 문명 간의 충돌로 확대되지는 않을 겁니다.

이슬람 세계와 서양의 관계를 예로 들어 보죠. 지난 몇 세기 동안 이슬람 세계는 오토만 제국과 터키인들에 대한 공포로 상징되어 왔습니다. 아주 독실한 천주교 신자인 폴란드의 왕 얀 소비에스키가 비엔나를 포위하고 있던 터키 군을 격퇴한 것은 1683년의 일입니다. 이 대사건에는 서구와 이슬람 세계 간 관계의 모든 상징이 내포되어 있습니다. 이 사건은 서구 유럽인들의 머릿속에 오토만 제국에 대한 깊은 경멸을 각인시켰으며, 19세기 제국의 쇠퇴와 동시에 그들을 유럽의 병자로까지 취급하기에 이르렀습니다. 하지만 오토만 제국은 러시아 제국, 오스트리아-헝가리 제국과 더불어 1918년 이전 세상의 다문화 제국 중 하나였으며, 각기 상이한 공동체들 간의 공생을 관리하는 조직까지 갖추고 있었습니다. 비록 제국이 민주주의적인 사회는 아니었지만, 각기 다른 종교와 문화가 전반적으로 잘 공존하며 살았습니다. 그런데 1918년 이후로 서양 세계는 아랍 세계를 경시하기 시작했습니다. 프랑스에 많이 존재했던 아랍학 연구의 전통마저 그 학문을 연구하던 지식인들의 죽음과 동시에 점차 사라져 갔습니다. 범 아랍주의와 세속주의의 실패 이후, 오늘날 이슬람 세계가 종교적인 정체성으로 회귀하는 것은 어쩌면 예상된 결과 아닐까요? 이스라엘과 팔레스타인 간의 분쟁은 논외로 하죠. 역사를 되돌아보면 과연 우리 서구 기독교 사회는 그렇게 관대했는지, 유대주의는 언제나 평등했는지 의문이 듭니다. 실제로 멸시와 분쟁은 쌍방책임입니다. 게다가 그곳은 세계 3대 종교의 발생지 아닙니까? 물론 이러한 역사가 현재 문제가 되고 있는 이슬람 원리주의 테러리즘을 정당화하는 것은 결코 아니지만, 적어도 우리는 그들의 역사를 배우고, 왜 이슬람 세계의 폭력이 재등장했는지 이해하려는 노력은 기울여야 합니다. 쌍방의 상투적인 편견을 초월하고 상대를 이해하는 것은 상호 관용과 존경을 확립하는 첫걸음입니다. 이러한 인식이 비록 무지와 폭력을 완전히 없앨 수는 없겠지만, 적어도 무지와 폭력을 막는 제방 역할은 할 것입니다.

자, 이제 본격적으로 이전 질문에 대답하겠습니다. 사무엘 헌팅턴의 비전은 정치를 배제한 단선적인 이론입니다. 우리가 지금 아무것도 하지 않는다면 정체성의 문제는 현재의 종교 원리주의 그리고 내일의 국경 문제, 언어와 사고방식의 문제 등 국제적 분쟁의 요소가 될 것입니다. 사람들은 자신의 정체성을 폭력적으로 재확립하며 무질서를 야기하는 세계화에 격렬하게 저항할 것입니다. 서구인들은 과거 자신들의 정체성을 강요하며 세계를 지배했는데, 이제 와서 무슨 권리로 타자들의 정체성을 배격할 수 있단 말입니까? 만약 우리들이 자신과 타자들의 책임과 권리를 보지 못한다면 문명 간 충돌을 막을 수 없을 것입니다. 그러므로 소통하는 법을 배워야 합니다.

여기서 우리는 두 번의 세계대전을 비롯한 세 차례의 전쟁으로 모두가 분열되어 있을 때 합의 분야를 도출해 내고, 1961년 독-불 평화 협정에 서명할 용기를 가졌던 드골과 아데나워(당시 서독일 수상—옮긴이)의 정치적 결단을 기억해야만 합니다. 이 협정은 이후 50년 넘게 지속되고 있습니다. 독-불의 화해와 유럽의 건설은 사무엘 헌팅턴 같은 결정론자들의 이론을 반박하는 커다란 증거입니다. 역사는 사전에 미리 쓰여진 것이 아닙니다. 만약 이스라엘과 팔레스타인 사이에 마침내 평화가 정착된다면, 위대한 문화와 사회의 토대였던 지중해 문명이 모두 재탄생할 것입니다.

스테판 파올리 – 그럼 당신에겐 타자라는 주제가 언제나 정체성 문제의 핵심이란 말씀인가요?

도미니크 볼통 – 네, 왜냐하면 타자란 우리에게 여전히 문화와 문명이 더 가깝게 다가설 수 있는 행동과 대화의 여지가 존재한다는 것을 상기시켜 주기 때문입니다.

스테판 파올리 - 이쯤에서 잠시 주제를 바꿔서 경제 문제로 되돌아가 보겠습니다. 사무엘 헌팅턴의 이론이 오류로 판명되기 위해서는 구글로 상징되는, 세계를 획일화하려는 거대 기업들이 매우 관대해야만 하지 않을까요? 그들이 타자의 정체성을 받아들이고, 문명의 충돌을 막기 위해 이익의 공유를 인정하는 것이 필요하지 않을까요? 물론 지금 당장은 경제적 이윤이 세상을 이끄는 유일한 동력이지만 말입니다.

도미니크 볼통 - 사실입니다. 하지만 우리가 지난 2007년 7월 이후로 보아 왔듯이 경제가 길을 잘못 들었습니다. 이제 그들은 세상에 겸손을 보여야 하며, 특히 경제 시스템에, 오로지 이윤만을 추구하던 시스템에, 도덕적 가치의 이름으로 정치와 정부의 통제, 재분배를 재도입해야 할 것입니다. 공산주의가 정치와 함께 붕괴됐지만 적어도 그들은 도덕적 가치는 지니고 있었습니다.

1989년 베를린 붕괴는 민주주의의 승리가 아니라 자본주의 모델의 승리였습니다. 그 후 20년이 넘는 기간 동안 그들은 거만하기 짝이 없었습니다. 하지만 지금 그것은 끔찍한 투기 시스템 아래 붕괴되고 있고, 이런 상황이 정치로 하여금 다시 주도권을 쥐게끔 만들고 있습니다.

　자본가들과 수많은 경제학자, 그리고 언론인들의 거만함은 정말 가관이었습니다. 은행가들과 전문가들에게선 눈곱만큼의 겸손함도, 특히 약간의 자기비판도 없었습니다. 최악인 것은 자유무역주의가 진정한 이데올로기가 되어 버렸고, 이것이 모든 토론과 선택을 불가능하게 만들었다는 사실입니다. 자유무역주의는 과거 마르크스주의의 현대 대칭점입니다. 여기에도 역시 역사의 흐름이 존재합니다만 그것은 마르크스주의와는 정반대의 방향, 즉 자유 시장과 투기, 정부 역할 최소화와 그로 인한 자본의 통제 불능으로 흘러간 것이죠. 당시 사람들은 선택의 여지가 없다고 말했습니다. 그런 사람들이 이제 와선 정부 통제와 조정, 사회 정치학을 들먹입니다. 무엇이 그들의 눈을 뜨게 했을까요? 지난 30년 동안 재분배와 지속 가능한 성장을 주장했던 모든 사람들, 경제 영역에서의 진정한 정치적 역할을 제기한 지식인들이 옳았다는 점을 인정해야 합니다. 결론적으로 지속 가능한 성장과 공정한 이득에 대한 문제 제기는 정치를 복권시키는 것이며, 지난 30년 동안 경제가 정치를 삼켜 버렸다 하더라도 이제는 경제가 정치의 영역에 종속되어야 한다는 사실을 입증하는 것입니다. 자유무역주의의 참담한 실패는 이상적 정치를 재개하게 하고, 경제학자들로 하여금 겸손을 강요할 것입니다. 그리고 세상은 더 긍정적이 될 것입니다. 왜냐하면 사람들은 다시 한 번 더 숙고하고, 건설하고, 재분배할 것이기 때문입니다. G8은 G20으로 대체되고 정치는 경제가 한 실수를 되풀이하지 않을 것이며, 나아가 경제 만능주의자들의 한계를 보완할 것입니다.

게다가 미스터 구글은 그저 빈자리를 하나 차지하고 있을 뿐입니다. 만약 정보와 커뮤니케이션의 이데올로기가 현 세대에 그토록 중요하다면 그것은 사이버 공간을 제외하고는 다른 이상향이 없기 때문입니다. 그러므로 정치적 이상향이 다시 건설되는 날이 오면 구글은 그들에게 가장 잘 어울리는 자리, 즉 정보 기술 시스템이라는 상대적으로 적절한 자신들의 본래 자리로 되돌아갈 것입니다. 기술 시스템은 사회의 모델을 대체할 수도, 창조할 수도 없습니다. 오직 정치의 재평가만이 기술 신봉 사회에서 벗어나 자신과 타자와의 관계를 정립하게 만듭니다. 이번 금융 위기는 아마도 몇몇 교만한 자본가들과 은행가들, 경제학자들을 죽이고 나서 결국 끝이 나겠지요. 또한 금융 위기는 가난한 나라들을 다시 국제적 교섭의 장에 나서게 하고, 기술에 기반을 둔 소통이 모든 것을 해결할 것이라는 이데올로 기에서 벗어나 그것을 부차적인 것으로 보게 할 것입니다. 만약 미스터 구글과 그의 친구들, 즉 미스터 마이크로소프트, 미스 터 야후 등이 독점적이고 일방적인 새로운 정보 사회나 디지털 사회의 주인이 되려 한다면 우리는 모두 저항해야 할 것입니다.

스테판 파올리 – 정치 뒤에는 철학의 거대한 문제가 있습니다. 당 신이 묘사한 소통은 그럼 정치권력을 포기하는 것입니까?

도미니크 볼통 – 아닙니다. 권력을 포기하는 것이 아니라 타자도 권력 안에 자리를 마련해 줘야 한다는 겁니다. 다시 말하면 절 대적 권력을 포기해야 한다는 것이죠. 민주주의에서 어제의 승 자는 내일의 승자입니다. 철학적으로 이 단순 명료한, 그러나 다소 전복적인 명제를 이해하는 데 수백 년이 필요했습니다. 또 한 귀족주의와 종교적 도식도 벗어나야 했습니다. 마침내 절대 권력이 무너지고 민주적 권력이 도래하면 그때엔 누구도 타자 를 배제할 수 없을 겁니다. 우리는 공존하는 방법을 배워야 합 니다. 이러한 이유로 커뮤니케이션 개념이 21세기의 중심 테마가 될 것입니다. 소통이란 때때로 우리가 공통으로 가지고 있는 것을 공유하는 일이고, 더 정확히는 문명과 사회 간의 차이점을 조정하는 법을 배우는 일입니다.

장 비야르 - 동시에 민주주의는 우선 보기에는 지구 전체를 관리하는 정치 형태는 아닌 것 같습니다. 전체의 일부분을 관리하기 위해서는 좋은 형태일지 몰라도 지금 당장은 전 지구적 규모의 정치적 통치 기구는 아니지 않습니까?

도미니크 볼통 - 전 지구적 통치 기구로는 UN도 한 모델입니다. UN은 관계의 규범적인 의미에서 공존주의자들의 모델이며, 현재까지는 가장 중요한 정치 형태라 할 수 있습니다.

장 비야르 - 비록 UN이 하는 일이 그다지 많지 않더라도 그들의 존재가 부재보다는 낫다는 말씀이시지요.

도미니크 볼통 - UN은 현재 우리가 가지고 있는 유일한 국제적 규칙입니다. 물론 가까운 장래에 현재의 UN보다 덜 귀족적인 모델이 창설되어 전 세계 수준의 갈등을 해결할 절차를 만들 것입니다. 하지만 시간이 더 필요합니다. UN의 존재는 이제 겨우 두 세대, 즉 60년밖에 되지 않았습니다. 이전의 세계 역사가 어땠는지를 본다면 UN의 존재를 그렇게 비판할 수만은 없을 겁니다.

스테판 파올리 ─ 그러나 지금 우리의 관심을 끄는 것은 효율성이 훨씬 더 뛰어나다는 의미에서 UN의 상위 조직이라 할 수 있는 세계무역기구(WTO)가 아닌가요?

도미니크 볼통 ─ 우리가 살아온 지난 30년 동안만 놓고 본다면 맞는 말씀입니다. 그러나 곧 WTO에 대한 UN의 반격이 시작될 것입니다. 물론 더 현명한 방법은 서로 협력하는 것일 테지만요.

스테판 파올리 ─ 하지만 현재로선 WTO가 주도권을 쥐고 있습니다.

도미니크 볼통 ─ WTO는 특히 국제통화기금(IMF)과 국제부흥개발은행(IBRD)과 함께 전 세계를 통제해 왔습니다. 만약 동─

서 양극 체제의 종말이 UN이 아닌 WTO에 그 자리를 내준다면 그것은 소통의 혼동 때문일 것입니다. 우리는 실상 통제 장치가 거의 없는 자본주의의 모델이 지배하는 경제 세상에 살고 있지만, 그런데도 민주적 세상의 승리를 경험했습니다. 그리고 지금 금융 위기라는 결과를 모두가 보고 있지 않습니까? 금융과 경제 위기가 너무나 큰 폐해를 가져왔기 때문에 정치로의 복귀는 한층 더 쉬워졌습니다. 금융 위기가 상황을 더 낙관적으로 만든 거죠. 어쨌든 이러한 상황은 아마도 인류 역사상 처음으로 모든 것을 생중계로 볼 수 있는 수억 명의 사람들을 필요로 할 것입니다. 이 위대하고 적절한 혁명의 결과를 도출해내는 작업은 아직 끝나지 않았습니다.

솔직히 말씀 드리면, 정치인들은 지난 수년 동안 경제학자들에 의해 밀려나는 수모를 당했습니다. 우리는 정치인과 경제학자들 사이에 벌어진 고양이와 생쥐 놀이, 즉 서로 물고 도망치는 놀이에 참여했던 거죠. 하지만 이제 주도권은 정치인들에게로 넘어갔습니다.

스테판 파올리 - 그럼 이러한 정치의 복귀는 새로운 정치 환경의 출현을 돕는 것일까요? 유럽의 탄생이 애초에 잉태했던 하나의 거대 시장으로서뿐만이 아니라, 또한 오바마가 이끄는 미국에 대항할 수 있는 새로운 정치적 모델이 될 수 있을까요?

도미니크 볼통 ─ 먼저 유럽은 과학과 기술의 세계 최강국이라는 사실을 상기해야 합니다. 단지 유럽인들만 그것을 모르고 있을 뿐이죠. 물론 우리가 무슨 역사를 만드는지 인식하면서 동시에 역사 분석을 한꺼번에 할 수는 없습니다.

우리는 수 세기에 걸쳐 지식과 문화, 세계 정복과 폭력 등을 축척한 5억 명의 유럽인들을 대표합니다. 원대한 유럽연합의 구상은 처음에는 정치적인 것이었습니다. 하지만 구상의 설계자들은 현명하게도 경제 분야부터 시작했습니다. 확실히 유럽은 유럽 밖의 세상과 소통하는 데 매우 서툴렀습니다. 그렇다고 그것이 유럽연합 건설을 가로막지는 못했습니다. 지금 건설되고 있는 유럽연합 공동체는 모든 세상에 새로운 정치 형태라는 영감의 원천을 제공할 것입니다. 유럽적인 모델로서만이 아니라 이상적인 모델로서 말입니다. 다시 말하면 그동안 매우 폭력적이고 광적이며 분열되었던 유럽인들이 공존의 모델을 건설할 수 있다면 세상의 모든 사람들도 그것을 만들 수 있을 것입니다. 저는 특별히 유럽의 먼 사촌인 라틴아메리카를 주시하고 있습니다. 그곳은 유럽에서 쓰는 3개의 주요 라틴 언어를 쓰고 있으며, 유럽연합과 비교될 만한 공존 모델을 찾을 수 있는 곳입니다. 문화적으로 아주 강한 공통점을 가지고 있는 10억의 인구가 합쳐진다면 그들이 만들어 낼 수 있는 것이 어떤 모습일지 상상이 가십니까? 만약에 우리가 이 라틴 공동체를 지중해 공동체에 합친다면 거의 15억이 넘는 사람들로 구성된, 아시아와 견줄 만한 문명이 될 것입니다. 우리는 거기에서부터 대화를 시작하고, 균형을 찾으며, 공존과 소통을 건설할 수 있을 것입니다.

만약 현재의 금융 위기가 전쟁으로 비화되지만 않는다면 이것은 상당히 긍정적인 이유가 될 것입니다. 왜냐하면 민주주의가 생존하기 위해 필요한 한 가지는 바로 시간이기 때문입니다. 이러한 모든 노력은 어느 순간 아주 끔찍한 혼란에 휩쓸려 들어가게 내버려 두는 것, 그래서 전쟁 이외에는 다른 해결 방법이 없다고 믿게 만드는 것을 방지하기 위해서입니다.

스테판 파올리 - 우리가 여전히 소통의 문제에 대해 이야기하고 있는 건가요?

도미니크 볼통 - 네, 맞습니다. 조금 전에 제가 말했듯이 타자의 문제는 우리에게 행동과 타협의 여지가 존재한다는 것을 증명합니다. 세상에는 행동과 타협의 여지를 거부하는 사람들과 그것을 더 높게 평가하는 사람들이 동시에 존재합니다. 이 두 진영 중의 하나를 선택할 수 있는 능력은 아주 중요한데요, 왜냐하면 이 선택에 평화와 충돌이 달려 있기 때문이죠. 행동과 타협의 여지를 관리하는 것이 바로 정치의 위대함이고, 문명 간의 충돌과 사람들 간의 갈등을 방지하는 일입니다.

소통의 세계에서 가장 흥미로운 작업은 발신자와 수신자 사이의 간격을 조정하는 일일 것입니다. 발신자와 수신자가 동시에 연결되고 동시에 마주보는 경우는 매우 드물기 때문에 소통이 성공하는 경우가 매우 희박합니다. 이 간격을 조정하기 위해 우리는 묻고 대답하는 것입니다. 소통은 무엇으로 이루어질까요? 내가 당신에게 말하지만, 당신은 내 말을 듣지 않고, 내 말을 이해하지도 못하면서 내게 대답합니다. 무슨 소통이 이렇습니까? 이것은 벙어리들의 소통이고, 비소통의 게임일 뿐입니다. 하지만 이 비소통이 인간의 근본적인 특징이기도 합니다. 우리는 소통하기 위해 불균형의 상태, 즉 서로 대면하지 않는 상태로 다시 돌아가는 데 시간을 허비합니다. 이렇게 균형과 불균형을 오간 끝에 약간의 이해와 또한 약간의 공통점을 확인하는 거죠. 바로 이 행동과 타협의 여지야말로 동시에 인간의 자유와 민주주의, 그리고 소통의 근간이 됩니다.

스테판 파올리 ─ 당신이 가지고 있는 소통의 의도는 과학적으로 너무 엄격하군요.

도미니크 볼통 ─ 물론입니다. 소통학은 매우 규범적이고 과학적인 학문이기 때문이죠.

스테판 파올리 ─ 당신의 설명을 계속 듣다 보니 위대한 정치가에 대한 문제를 제기하지 않을 수 없군요. 버락 오바마 같은 정치인 말입니다. 오바마는 루스벨트 전 대통령과의 끝없는 비교를 동반한 채 우아한 표상으로서 미국 정치계에 혜성처럼 나타났습니다. 거대한 희망과 겸손함을 지닌 채로 말이죠. 육체적인 우아함은 물론 도덕적 우아함도 함께 갖추었지요. 정치에 품은 열정과, 또한 커뮤니케이션을 통해 전해지는 눈부신 우아함이 우리 통치자들을 변화시키고, 그들로 하여금 도전을 시도하게 만드는 본질일까요? 오바마의 우아함은 매케인을 퇴색시켰으며, 모든 면에서 매케인의 것보다 더 잘 보였습니다. 결국 이러한 형태의 소통이 인간들을 변화시킬 수 있을까요?

도미니크 볼통 - 두 가지 측면에서 흥미로운 질문입니다. 첫째로는 만약 어느 순간에 세상 사람들 모두가 오바마를 자신과 동일시했다면 그것은 모든 지적인 개인들이 오바마가 그의 우아함을 통해서 위대한 정치적 운명과 모든 정치적 상징성을 타고났다고 믿기 때문입니다. 둘째, 만약 제가 민주주의와 보통선거, 중산층에 대한 존경을 역설한다면, 그것은 제가 모든 인간들은 지적인 존재라고 믿기 때문입니다. 확고한 귀족주의와 엘리트주의보다 더 나쁜 것은 없습니다. 오바마의 선거에서 놀랄 만한 일은 모든 사회계층을 관통하는 지성을 확인한 점입니다. 민중들은 언제나 위로, 즉 지적으로 더 높은 수준으로 이끌어 줘야 합니다. 오바마의 거대 담론은 불평등과 인종차별로 관통된 미국 사회를 한 단계 더 높은 곳으로 이끌었다는 점에서 놀라운 것입니다. 오바마는 미국인들에게 그들이 행동과 타협의 여지를 가지고 있기 때문에 불평등과 인종차별을 초월할 수 있다고 말했습니다. 바로 이것이 정치의 위대함이죠. 그는 미국인들의 지성을 확신했습니다. 물론 이것은 전 세계 모든 나라의 정치 환경에 거대한 충격을 가져올 것입니다. 버락 오바마가 단지 육체적으로만 우아한 것이 아닙니다. 그는 케네디나 간디, 만델라 같은 정치인을 상기시킵니다.

장 비야르 - 어떤 면에서는 드골도 상기시키지 않나요?

도미니크 볼통 - 또 브라질 대통령인 룰라도 있습니다. 빈민층 출신의 룰라는 커다란 사회문제를 여럿 가지고 있는 브라질에서 민주적인 선거로 두 차례나 당선된 사람입니다. 버락 오바마는 어느 순간에 사람들이 동일시하는 그런 위대한 인물들 중의 하나가 되었습니다. 물론 그는 천사도 아니고, 성인도 아니며, 그저 선거에서 이기기 위해 자신의 능력을 최대한 발휘했던 것뿐입니다. 선거전이 얼마나 격렬했는지 기억해 보세요. 그러나 결국 지성이 그를 선택했습니다.

민주적 과정에 의해 태어난 위대한 정치가 오바마는 또한 대중 영합주의의 반대 명제이기도 합니다. 지금 유럽에는 어느 한 사람도 감동시키지 못하면서 그 힘이 증가일로에 있는 대중 영합주의 정당 14개가 있습니다. 엘리트들이 사람들, 특히 대중을 무지하다고 치부할수록, 또한 일반 대중이 유럽 투표에서 무분별하게 반대표를 던질 거라고 믿을수록, 또 유럽연합의 일은 브뤼셀의 고위 기술 관료들만이 할 수 있는 일이라고 고집할수록, 사람들은 대중 영합주의 정당에 표를 몰아 주고 있습니다. 그러자 엘리트 계층은 이러한 결과를 대중이 무분별하다는 증거로 몰아갔습니다. 하지만 이런 상황은 심사숙고해야 할 문제입니다. 오늘날의 대중은 1930년대의 대중과는 아무 상관이 없습니다. 이들은 지적이며, 교양 있고, 여행하고, 비교하는 사람들입니다. 금융과 경제 위기로 더욱 눈에 띄게 기진맥진한, 그러면서도 겸손함이라곤 손톱만큼도 찾아볼 수 없는 고위 관료들에 의해 무지한 멍청이로 취급당하는 것을 견딜 수 없는 사람들입니다. 우리는 포퓰리즘, 즉 대중 영합주의가 왜 다시 귀환했는지 자문해야 합니다.

스테판 파올리 - 지금 우리는 지리학을 제외한 거의 모든 분야에 걸친 소통의 문제를 다루고 있습니다. 그럼 소통의 문제에서 지리학은 어떤 중요성이 있습니까? 우리가 이미 알고 있는 정부-국가 문제(세상에는 간혹 정부-국가가 하나로 되어 있지 않은 나라들이 있다. 벨기에와 구 체코슬로바키아는 한 정부에 두 국가가, 구 유고슬라비아에는 한 정부에 6개의 국가가 존재했다―옮긴이)를 제외하고, 소통 분야에서 지리학의 자리는 어디인가요?

도미니크 볼통 – 지리학은 미래를 지배할 학문인데, 그 이유는 영토와 국경의 문제가 미래 정치 세계의 중심이기 때문입니다. 지리학은 정치학입니다.

지구상에는 바다를 제외하면 사람들이 살 수 없는 공간이 세 곳 있습니다. 바로 극지방과 사막, 그리고 열대 밀림 지역입니다. 이 무인 지대는 미래 지리 정치학, 특히 기후변화와 지구온난화 문제의 무대가 될 것입니다. 우리 과학자들은 일반 대중에게 이 사실을 인지시켜야 할 무거운 책임이 있습니다. 우리는 극지방과 사막 그리고 밀림의 문제를 생각해야만 합니다. 지식의 목적으로 그 지역들을 이용하느냐, 아니면 또다시 예상되는 투기의 법칙에 내맡기느냐 하는 문제 말입니다. 환경학과 민속학, 문화인류학 그리고 지리학 등은 미래의 학문입니다. 물론 사람들 사이에서 공존의 조건을 연구하는 막중한 과업을 가지고 있는 소통학도 잊으면 안 되겠죠.

요컨대 정치가들의 가장 커다란 맹점은 정치학이 사회과학과 동체적인 학문인데도 역설적으로 인문사회과학에 귀를 막고 있다는 것입니다. 정치학과 인문사회과학을 흔히들 사회와 인간을 연구하는 좌우 날개라고 하며, 또한 두 학문 사이에 명백한 상호 교감이 있습니다. 그런데도 정치가들은 인문사회과학적인 접근보다 언론적이거나, 고위 기술 관료적인 접근에 더 민감합니다. 우리는 똑같은 현실을 바라보지만 똑같은 안경을 통해 바라보지는 않습니다. 언론과 정치, 사회과학, 이 세 가지 분야는 현실을 유심히 탐색합니다. 언론인은 언제나 사건의 정면에 서 있고, 정치가들은 세상에 영향력을 행사하려고 하며, 사회과학 분야의 학자들은 현실을 이해하려고 시도합니다. 즉 이들 모두는 똑같은 현실을 보지만 각기 다른 방법으로 분석합니다. 정당하고 상호 보완적인 이 세 가지 관점은 반드시 필요합니다. 다만 가끔 정당성 문제로 갈등이 발생하곤 합니다. 이것은 민주주의 사회와 동체적인 것이고 회피할 수 없는 사실입니다. 이 세 분야는 존재하기 위해 서로가 서로를 필요로 합니다. 다시 한 번 공존의 개념과 재회하는군요. 저로 말씀드릴 것 같으면 언론인도 정치인도 아닙니다. 언론인이나 학자가 정치가가 될 수도 있지만 그때엔 방법을 바꿔야 합니다. 선거나 행동의 위험을 회피하면서 유력 정치인의 자문 역할을 하려는 대학교수와 학자들만큼 나쁜 존재도 없을 것입니다. 이 세 방법론은 서로가 서로를 필요로 합니다. 그리고 우리는 지난 30여 년 동안 지식의 논리를 도외시한 채 때때로 언론인이나 고위 기술 관료들에게 너무도 많이 의존했다는 사실을 반성해야 합니다. 이러한 현상은 세계 모든 나라에서 똑같이 일어났습니다. 이것은 매우 우려할 만한 일입니다. 인문사회과학이 현실을 연구하는 유일한 학문은 아닐지라도, 학자들은 언론이나 기술 관료, 또는 다른 정치인들에게서는 찾을 수 없는 다른 시간관념과 관점을 가지고 있기 때문입니다. 사회의 가장 커다란 가시성은 사회 자체의 복잡성을 전혀 바꾸지 못합니다. 또한 학문 분야 간 관점 공유의 필요성도 마찬가지입니다.

스테판 파올리 - 자연은 공생을 창조했고, 생물학은 그것을 증명하고 있습니다. 그럼 인문사회과학 학문 간 통합의 희망을 가져도 될까요?

도미니크 볼통 - 물론입니다. 하지만 생물학은 자연 체계적인 학문으로, 자연의 변화에 적응할 수 있다는 점이 인문사회과학과는 다릅니다. 어쨌든 저는 인간과 사회를 규정하는 데 있어 생물학적인 비유를 신봉하지는 않습니다. 처음에는 생물학적 접근이 더 이해하기 쉬운 것 같지만, 그다음부턴 모든 것을 자연의 법칙으로 치부해 버리기 때문입니다. 자연과학이, 물론 자체로도 훌륭한 학문이지만, 역사학과 정치학 등과 근본적으로 다른 점은 사람들이 자신의 행동에 책임을 져야 한다는 것입니다. 실제 생활에는 공존하는 역사들이 많으며, 이것들은 지적, 인간적 자유를 보장하는 지식 논리의 다양성입니다. 저는 사회와 인류를 연구하는 데 생물학의 발견이라는 일반적인 비유보다는 인문사회과학 지식 분야의 공존에 의한 연구를 더 선호합니다. 학문 간에 정통성 논리로 서로를 배척하지 않는다면 말이죠. 유전학자는 정치가가 아니며, 예술가나 종교인도 마찬가지입니다. 최근까지 우리는 합리성과 지식, 정치의 모델에서 벗어난 위대한 창조의 능력을 제공하는 예술에 주목하지 않았습니다. 오늘날 예술의 위치는 투기적인 규모 때문에 현실 세계에 어울리지 않습니다. 그러나 경제 위기가 곧 투기 거품을 걷어 낼 것입니다. 그때 우리는 종교에 대한 요구보다 더 세차게 증가하는 예술에 대한 요구를 확인할 것입니다. 인간은 예술과 종교 없이는 근원적 존재의 문제를 해결할 수 없다는 것을 알고 있습니다. 또한 현재의 정치적 이상 결여는 윤리적인 탐색을 재개하고, 예술의 여러 표현 방식을 연구하게 만듭니다. 이것 역시 인간 개인의 존재 인식과 커다란 자유운동의 결과입니다. 자유, 이것은 가끔 혼자이긴 하지만 예술 세계 안에서 자기 표현방식을 찾고 있습니다.

스테판 파올리 - 소통의 한 분야로서의 예술 말씀이시죠?

도미니크 볼통 - 물론입니다. 역사의 초창기에 우리 인류는 두 가지 일을 가장 먼저 시작했습니다. 타자가 필요하다는 가장 커다란 증거인 상업, 그리고 형이상학적인 탐색과 공간에서 묘사되는 연극이 그것입니다. 세상의 모든 기술, 심지어 최고 성능을 자랑하는 기술이라 할지라도 매 세대가 새로운 생활방식과 문화를 발전시킨다는 사실을 바꿀 수는 없습니다. 연극은 합리성과 기술 일변도인 세상을 벗어나게 해 주는 창입니다. 예를 들면 무대에 어떤 소년과 소녀가 있다고 합시다. 가진 거라고는 걸치고 있는 옷밖에 없어도 그들은 문장과 대화로 감정을 창조할 것입니다. 또한 그들은 매번 다른 방식으로 언어들을 재조합하지만 감정은 언제나 거기에 있는 것이죠. 부서지기 쉽고, 재생할 수 없는 감정, 바로 순간의 기적이죠. 그것은 춤과 그 밖의 무대 공연에서도 똑같이 적용됩니다.

우리 인간들이 부단히 연극이나 각종 예술을 필요로 하는 이유는 바로 우리가 합리성으로만 지배되는 세상에 만족하지 못한다는 증거입니다. 사람들이 종교와 예술을 필요로 하는 이유는 합리성이 인간의 탐미적인, 종말론적인 또는 존재론적인 열망을 채워 주지 못하기 때문이죠. 시인이 없는 사회가 죽은 사회이듯 예술과 종교가 없는 사회는 그 존재 의미가 없습니다. 만약 타자성 또는 여러 다양한 의견들이 공존할 수 있는 사회라면 우리가 무신론자가 된들 무슨 문제가 있겠습니까?

스테판 파올리 - 그럼 석기시대의 동굴벽화도 소통의 한 가지 형태였나요?

도미니크 볼통 - 물론입니다. 가장 초기의 동굴벽화는 구석기시대에 그려진 것들입니다. 그것은 형이상학적이며, 사회적 소통의 행위였습니다. 예술 안에서 자기 자신을 인식하는 것은 사람들이 흥미롭고 감동적인, 그러나 자기 스스로는 할 능력이 없는 것들을 감히 행하고, 말하게 하는 행위입니다. 그래서 예술가들은 어떤 면에서 인류의 대변인이며 초병인 셈이죠.

스테판 파올리 - 당신의 담론에서 가장 중요한 것은 기부의 이유인데요, 그럼 소통은 주는 것인가요?

도미니크 볼통 - 소통은 주는 것이고, 또한 찾는 것이며, 교환하는 것입니다. 종교와 마찬가지로요. 모든 종교에는 한 가지 공통점이 있습니다. 바로 타자를 인정하는 것이죠. 세상의 어떤 종교도 존재론적으로 타자에게 불평등하지 않습니다.

장 비야르 - 여성 문제에 관해서도요?

도미니크 볼통 - 여성의 권리 문제는 끝이 없습니다. 우리는 위대한 여성해방 투쟁을 함께한 동시대인입니다. 여성의 투쟁은 절대 끝나지 않을 것이며, 그것은 모든 인류 역사를 다시 쓰게 될 것입니다. 이것은 아마도 남성 중심주의를 파괴할지도 모르지만, 어쨌든 모든 상황은 절대로 과거와 같지 않을 것입니다.

동성애와 관계된 또 다른 해방운동도 있습니다. 이것도 역시 여성해방운동과 마찬가지로 정체성 자각의 균형을 깨뜨릴 것입니다. 남자 또는 여자 어느 쪽이 되었든, 가족이든 또는 일반 대중이든, 이제 정체성 개념을 다시 숙고해야만 합니다. 매번 이러한 혁명이 일어날 때마다 개인의 자유는 좀 더 확고해집니다. 16세기에 서구 사회에서 시작된 이러한 항쟁은 보편주의자들을 위한 것이었습니다. 항쟁은 먼저 종교적 규범에 반하였고, 이어서 인식과 표현의 자유로 이어졌습니다. 개인의 자유를 떠받치는 이러한 해방운동은 결코 멈추지 않을 것입니다.

스테판 파올리 - 충돌이냐 평화냐의 문제군요.

도미니크 볼통 - 개인 삶에 있어서 애정의 문제는 사회에 있어서 공존의 문제와 똑같습니다. 가족은 지속적인 교섭과 대화를 바탕으로 합니다. 사회는 말할 것도 없고, 회사도 마찬가지고요. 하지만 이런 것들은 많은 시간을 필요로 합니다. 이것이 비록 독재자의 힘이 더 빨리 작동하고, 모든 문제를 강압적으로 더 빨리 해결한다 할지라도 우리가 민주주의에 더 많은 시간을 주어야 하는 이유입니다. 바로 이런 이유에서 지난 30년 동안 우리가 살아온 세상은 투기적인 경제 세계였습니다. 자신은 언제나 옳다고 믿을 뿐 아니라 중요한 것은 오로지 속도라고 치부해 버린 교만과 허영으로 물든, 즉 미친 세상이었습니다. 또한 같은 이유로 우리는 인터넷을 제어해야 합니다. 왜냐하면 이 인터넷이야말로 속도와 투기가 넘쳐나던 미친 세상의 주요 도구였기 때문입니다. 단 한 시간 만에 젊은 펀드 매니저가 현기증 날 정도로 엄청난 양의 투기 작전을 실행하는 것이 정상적인 사회일까요? 이제 와서 이상하리만치 조용한 위선적인 은행가들은 그때에는 알지 못했다고 발뺌합니다. 그들이 지난 15년 동안 완전히 제어되지 않은 금융 투기 시스템으로 이득을 챙긴 것 이외에 한 일이 무엇인가요?

장 비야르 – 그런데 사실 이민자들처럼 외부에서 온 사람들과의 공존이 더 어려운 것 아닙니까? 가장 어려운 문제가 무엇이라고 생각하십니까? 당신이 줄곧 주장한 것처럼 행동의 여지와 타협의 가능성이 좁고 낮아서 가장 극복하기 어려운 벽은 어디에 있습니까? 다시 말해서 결코 뛰어넘을 수 없어 보이는 나와 타자 사이의 벽은 어디에 있습니까?

미국에서는 흑인들이 유럽 이민자들보다 훨씬 먼저 도착했습니다. 어떤 면에서 흑인들은 미국 문화에서 결코 이방인이 아니며, 그들은 살아남기 위해 미국 문화, 즉 이민자들의 공존 문화를 만들어 냈습니다. 반대로 유럽에서는 타자, 즉 이민자들이 들어왔을 때 커다란 문제가 발생합니다.

도미니크 볼통 - 우리 유럽에는 4억 9천만의 유럽인과 우리의 경제적 발전에 이바지한 3천만 명의 이민자들이 살고 있습니다. 약간의 문제는 있지만 그것을 과장할 필요는 없습니다. 만약 우리가 이민자의 자녀들에게 더 많은 기회를 준다면 그들은 대학에 가서 수석졸업을 할 것입니다. 질문에 더 직접적으로 대답을 해 보자면, 지금같이 개방된 세상에서는 특정 부류, 즉 이민자들만 고립되어 산다는 관념은 더 이상 존재할 수 없습니다. 우리는 접촉 공간이 필요하며, 사람들의 이동과 순환에 더 관심이 많습니다. 세계화의 목적 중 하나가 바로 이러한 순환입니다. 관광객이나 고급 인력의 이동뿐 아니라 가난한 사람들을 포함한 노동자들의 순환 말입니다.

장 비야르 - 항구적인 이민보다는 계획적인 이동 말씀이시죠?

도미니크 볼통 - 실제적으로 이제 더 이상 누구도 항구적인 이민을 원하지 않습니다. 이것이 1950년대나 1960년대와 비교해서 크게 달라진 점이죠. 우리가 이민자들을 진심으로 환대했다면 그들도 항구적인 정착을 고려했겠죠. 하지만 그들도 다른 사람들처럼 보고, 정보를 얻는다는 사실을 잊으면 안 됩니다.

이민자들도 이젠 그들이 거부되는 환경을 보고 있습니다. 그래서 이전 세대와는 달리 항구적인 이민이 아닌 일시적인 이민, 즉 예를 들어 계절 노동자나 또는 기간이 정해진 계약 이민 등과 같은 경향이 전 세계에 똑같이 나타난 것입니다. 이러한 경향은 새로운 개념의 노마디즘, 즉 일시적인 이민의 탄생이고, 이것은 이제 문화들 간의 통합, 더 나아가 공존 구조의 조직 문제로 이어질 것입니다. 만약 우리가 우리 집에 찾아온 타자들을 받아들일 수 없다면, 그것은 우리가 밖에 있는 타자들의 존재를 인정할 능력이 없기 때문입니다. 이 두 문제는 항상 쌍으로 찾아옵니다. 내 집 안의 타자는 내 집 밖의 타자들의 형상입니다. 이민자는 타자의 첫 번째 형상이죠. 우리 문명은 이민자들을 통해서 우리의 태도를 형상화합니다. 오늘날의 이민자는 전 세계의 보편적인 형상입니다.

저는 혼혈 문제를 통해 우리가 이제까지 토론한 것들을 결론짓겠습니다. 많은 사람들이 세계화가 인종적, 문화적 혼혈 세계를 창조할 거라고 말합니다. 하지만 이것은 더 복잡한 문제입니다. 과거의 닫힌 세상, 즉 사람들이 이동하지 않던 시절에도 혼혈은 있었습니다. 제국과 나라 간의 경계 지역엔 항상 혼혈이 이루어졌습니다. 혼혈은 과거에도 언제나 있었고, 미래에도 있을 아주 귀중한 문화적 자산입니다. 그러나 현재처럼 개방된 세상에서 혼혈 문제는 단순히 "세계화가 세상의 모든 피, 즉 인종적, 문화적인 특징을 섞을 것이다."라고 말하는 것보다 훨씬 복잡한 문제입니다. 세상이 모두 혼혈된다는 것은 각기 다른 모든 정체성들이 초월되었다는 사실을 전제로 합니다. 그러나 정체성은 매우 유동적입니다. 초월할 수는 없고, 단지 규칙적으로 적응할 수 있을 뿐입니다. 이런 상황에서 기계적인 혼혈은 쉬울지 몰라도 진정한 의미의 혼혈, 즉 문화적 융합은 더 어려운 문제이죠. 과거 세상의 경우에도 혼혈은 있었지만 소수였습니다. 그러나 지금처럼 개방된 사회, 모든 것을 교류하고 모든 것을 볼 수 있는 사회에서 혼혈은 더욱 지속될 것입니다. 그럼으로써 떠오를 수 있는 명백한 정치적 주제는 바로 공존의 문제입니다. 세계화 시대의 정치적인 목적은 혼혈, 즉 융합의 문제보다는 공존의 문제가 될 것입니다. 이것은 우리의 생활방식, 소비방식, 음식, 문화, 주거환경 등이 세계화되었기 때문이 아닙니다. 단지 우리가 보편화된 혼혈과 융합의 세계에 살고 있기 때문입니다. 완전히 반대인 것이죠. 세상이 개방되면 될수록 사람들은 더욱더 이동할 수 있기를 바랍니다. 물론 자신의 정체성을 지킨다는 조건하에서요. 유럽을 보세요. 유럽인들의 생활방식은 점점 더 닮아 가고, 이제는 오로지 문화적 차이만으로 서로를 구별할 수 있습니다. 달리 말하면 개방된 세계는 세 가지 개념을 숙고하도록 강요합니다. 바로 정체성과 융합, 그리고 공존입니다. 이 세 가지 영역은 바로 소통, 즉 커뮤니케이션의 기본 명제입니다.

스테판 파울리 - 조금 전에 언급한 카뮈를 상기해 보겠습니다. 당신도 카뮈의 종교적 세속주의의 관점, 즉 국가와 종교는 별개지만 개인은 종교를 가질 수 있다는 관점을 받아들일 수 있습니까?

도미니크 볼통 - 가능하지요. 우리가 자신에게 강하면 강할수록 우리는 타인과 더 잘 공존할 수 있습니다. 이것이 바로 제가 이제껏 반복해서 말한 내용입니다. 정체성은 소통의 필요조건입니다. 우리가 만약 우리 스스로 충분히 겸손하고 강하다면 우리는 다른 모든 위대한 문명들과 공존할 수 있을 것입니다.

불통의 시대 소통을 읽다

| 펴낸날 | 초판 1쇄 2011년 2월 28일 |
| | 초판 2쇄 2011년 4월 8일 |

지은이   **도미니크 볼통**
옮긴이   **채종대 · 김주노 · 원용옥**
펴낸이   **심만수**
펴낸곳   **(주)살림출판사**
출판등록 **1989년 11월 1일 제9-210호**

경기도 파주시 교하읍 문발리 파주출판도시 522-1
전화   031)955-1350   팩스   031)955-1355
기획 · 편집   031)955-4667
http://www.sallimbooks.com
book@sallimbooks.com

ISBN   978-89-522-1556-7   03300

※ 값은 뒤표지에 있습니다.
※ 잘못 만들어진 책은 구입하신 서점에서 바꾸어 드립니다.

책임편집   **정홍재**